道友社文庫

天の理に沿う

家庭の幸せ 働く幸せ 健康の幸せ

中臺勘治

DOYUSHA BUNKO

道友社

目次

第二章　働く幸せ 131

装丁……小野　雄治

序章

成ってくるのが天の理

受け入れる心

誰《だれ》でも、都合の良いことはすんなり受け入れられるが、悪いことは受け入れがたいものである。

なんで、私のかわいい息子に、あんな無愛想な嫁が来たのか？

なんで、私の主人は、働きもないのに見栄《みえ》っ張りなのか？

なんで、私の仕事仲間は、変な人ばかりなのか？

なんで、私の上司は、気が利かないのか？

なんで？　どうして？　なぜ？

どうしても納得がいかない！　許せない！

しかし、いくら愚痴《ぐち》や不足を言っても、ひとつも解決はしない。なぜそうなったのか、その原因をよく調べてみる。そこに、大きな前進、解決の道が開かれていくのではあるまいか。

「成ってくるのが天の理」と聞かせていただく。すべては、偶然なのではない。天の理に沿って成ってくるという。いったい、この「天の理」とは、どういうことなのだろうか。

ものの見方には、三つの見方がある。

一つは、「物一条」の見方。

たとえば、風邪《かぜ》をひいたとすると、薄着をしたからとか、寒かったから、疲労が重なったからなどと、物理的な物が元で、成ってきたのだと考える。考え方が単純なだけに争いは起こらないが、困ることの起こる深い意味が分からないから、人間としての成長も期待できない。

もう一つは、「人一条」の見方。

こういう人は、もう少し深く考える。もちろん、風邪のウイルスも知っている。しかし、原因はほかにはないかと考える。あの人にうつされたからだ、とか、あの人が無理な仕事をさせたからだ、などと、他人が元で成ってきたと考える。

人間が元だと考えるから、具合が悪いことが起きてくると、憎しみ、恨《うら》み、腹立ちなどが湧《わ》いてきて、時には争いにもなってくる。

最後は、「神一条」の見方。

こういう人は、ウイルスも、人のことも、みな知っている。しかし、なぜ、風邪のウイルスや嫌《いや》な人との関係ができたのかと、さらに深く考える。そして、最後は、この世を守護する神様のなさることとして考える。

風邪をひいたのは、何か神様からのお知らせである。陽気ぐらしができていたか、心に隙《すき》や不足がなかったかと、そんな反省をする。

どんなことも自分の反省として受け取るから、恨んだり腹を立てたりすることがない。結局、こういう人は人間として成長し、争いのない暮らしをするようになる。

神様を信じられる人は、幸せだと思う。

神様を信じられる人は、この世の中を信じられる人である。イライラせず、人を責めず、生起する一切を受け入れられる人だからである。

この世の中は、自分の徳いっぱい。要は、自分自身が問題なのであって、他人が問題なのではない。天の与えを受ける自分の器が問題なのである。

拒絶する心は、自分を小さく、堅く、不愉快にする。

受け入れる心は、自分を大きく、柔らかく、愉快にする。

「成ってくるのが天の理」という。「天の理」とは、第一に「神様のなさること」ということである。すべては神様のなさることだと分かれば、胸いっぱいに穏やかな心が広がろう。

心の目を大きく開き、深い心、大きな心で、どんなことにもまず、「受け入れる心」をもちたいと思う。

元のいんねん――陽気ぐらし

上り坂、下り坂、まさかという坂もある。ともかく、思ってもみなかったさまざまなことが起きてくるのが人生である。

ところが、お道では「成ってくるのが天の理」という。成ってくることは神様のなさることで、それはすべて整然たる法則どおりに成ってくるという。偶然なのではない。すべての物事は、成るべくして成ってくるという。

ならば、その成ってくる法則を知る。ここが肝心だと思う。

その一つは、「元のいんねん」ということである。

元初《もとはじ》まりの話の冒頭に、「(月日親神は) 人間を造り、その陽気ぐらしをするのを見て、ともに楽しもうと思いつかれた」とある。

だから、この世のすべてのものの存在理由、また、現れてくる姿は、人間の陽気ぐらしを見てともに楽しみたいという、神様の思い一つなのである。

エッ、ほんと？　と思うかもしれないが、よくよく考えてみれば、なるほど確かにそうだと納得することも多いのではあるまいか。

私は毎年、山形県の教会へ巡教に行かせていただく。山形は大変に山が多い。山形新幹線で福島から米沢《よねざわ》に通過するトンネルを抜けると、景色が一変する。そこには、山の緑濃く、谷川の水清く、都会育ちの私には目を見張るばかりの大自然の豊かさがある。

聞けば、山形はサクランボなどの果物の大生産地で、川には幻の魚と言われるイワナが棲《す》んでいるという。米沢駅を降りて、まず胸いっぱいに吸う空気は、子供のころに味わった澄んだ香りを感じさせる快いものである。

本来、大自然は豊かで美しい。また、本来豊かなのは大自然だけではない。

人間は、無力な赤ん坊として生まれてくるが、食べ物も、着る物も、両親の愛情もみな、そろった中に生まれてくる。年月とともに身体《からだ》も大きくなり、知恵もついてくる。自分自身で生活できるように、一つ一つの能力が備わってくる。そして、ちょうどいい時期に、ちょうどいいものを与えられて生きていく。

考えてみれば、世の中は陽気ぐらしへ導こうとする神様の思いいっぱいで満たされているのではあるまいか。

それでは、なぜ、都合の悪いことが起きてくるのか。

私の住む近くの目黒川《めぐろがわ》の汚れは、相当ひどいものである。昔と比べると、かなりきれいになったが、まだ墨《すみ》を流したような色をしている。空気も、自動車の排気ガスで、とても山形のような香りなど感じられる代物《しろもの》ではない。

なぜ、こうなったのか。それは、元々がそうだったのではない。人間が、きれいな川やきれいな空気を汚した結果である。人間が便利さを求めるあまりに、神様から与えられた大自然の美しさをめちゃくちゃにしてしまった結果なのである。

しかし、そんな汚れた目黒にも、お正月やお盆休みには、きれいな澄んだ青い空が見える。人間が汚すことさえ止めれば、大自然はきれいにしようと、いつも待っていてくださっている。

また、病気や災難も都合が悪いが、心の目を大きく開けば、陽気ぐらしをさせたいという親心いっぱいの、天からの手紙と悟れよう。

誰でも傷つけば傷口が痛む。お腹《なか》の具合が悪ければお腹が痛む。なぜ痛むのか。それは、痛みを与えて、悪い所を知らせてくださっているのである。

痛みのない早期がんなどが、一番困る。分からないからどんどん進行する。気がついたときには手遅れとなる。すぐに痛みがあれば、ほとんどの人は死なずに済むのではあるまいか。

お道では「身上・事情は道の華《はな》」といわれるが、困った事情や身上があるから、ありがたい。その悩みを通して、心の目が開かれる。本物の人間の生き方――陽気ぐらしを見つけることができるからである。

「成ってくるのが天の理」には、根本の法則がある。その法則の一つは、どんなことにも陽気ぐらしをさせたいという神様の温かい親心がある、ということである。

困ったときは、悩んでばかりいないで、その悩みの向こうにある大自然の深い思い、温かい親の思いを思案させていただきたいと思う。

個々のいんねん――蒔いたる種はみな生える

人はそれぞれに、顔も違えば、姿も違う。人生を幸せいっぱいで過ごす人もあれば、泣き泣き暮らしている人もある。健康な人。病に苦しんでいる人。家庭円満の人。親子や夫婦の仲が治まらない人。なぜ、同じ人間でありながら、こんな不公平があるのかと、そんな世の中の矛盾や不平等をいつも感じている人もある。

いったい、これはどう考え、どう対処すればいいのだろうか。人それぞれに千種万態、実にいろいろなことが起きてくる。

なんで？　どうして？　なぜ？

困れば困るほど、そんな思いが次々と湧いてこよう。

しかし、「成ってくるのが天の理」であるから、どんなことも寸分の狂いなき法則の中に起きてくると考えなければなるまい。

いったい、どんな法則なのか。

これは、先の「元のいんねん」に対して、「個々のいんねん」といわれるもので、人それぞれに、いままでにどんな種を蒔《ま》いたか、その蒔いた種によってさまざまな違いが出てくるということである。

ナスの種を蒔いたらナスが実る。

キュウリの種を蒔いたらキュウリが実る。

当たり前のことであるが、それは畑の中だけでなく、この世の中すべてに通じる法則なのである。

「おかきさげ」に、「人を救《たす》ける心は真の誠一つの理で、救ける理が救かるという」とある。

たすけた種があって初めて、たすかる果実が成ってくる、ということである。だからお道では、自分の身上・事情をたすけていただくために、それこそ困った中からでも、人さまのたすかる御用をさせていただく。

あるとき、人工透析をされているご婦人が、お道の人からにをいを掛けられた。

「ご不自由な病気で、何かとお困りのことと思います。このお道では、『病むほどつらいことはない　わしもこれからひのきしん』と教えられます。人のために、何か喜んでいただくことをしてくださいね」と。

そのとき、そのご婦人は大変に憤慨《ふんがい》した。

「天理教は、なんとむごいことを言うのか。身動きさえ困難な病人に、温かい手を差し伸べるどころか、ただで働けとは……」と。

しかし、たすかりたい一心で、毎朝四時ごろから道路の清掃ひのきしんをされるようになった。それから数年、人工透析は続けているが、心に明るさが生まれ、生活に張りが出てきた。以来、本当にありがたいと、どんな中でもひのきしんを欠かさず、日々喜んで過ごすようになった。

直接に体験話を聞いて、そのご婦人は日々、喜びの種を蒔く素晴らしさを、心の底から実感していると思った。

どんなものにも種がある。蒔いた種どおりの姿が現れてくる。

家庭円満には家庭円満の種がある。

商売繁盛には商売繁盛の種がある。

健康には健康の種がある。

いままで、どんな種を蒔いてきたか。そこに、すべての原因があろう。

成ってくる姿の原因には、神様のなさることと、人間のすることとがある。

人間のできることは、種を選ぶことと、種を蒔くことだという。芽を出し、茎を伸ばし、葉を繁《しげ》らせ、花を咲かせ、実をみのらせるのは、すべて神様のなさることである。

ならば、陽気ぐらしに向かって、しっかり喜びの種を選び、精いっぱい徳積みの種を蒔かせていただきたいと思う。

第一章

家庭の幸せ

夫婦円満

互い立て合いたすけ合い

戦後間もなくのころは、何もかも質素であった。食事は、どこの家庭でも麦ご飯に漬物《つけもの》。子供たちの洋服は、だいたいがお古で、継ぎのあたったものを着るのは当たり前の世情であった。

そんな恵まれない時代のためか、明るい歌が流行《はや》ったように思う。『二人は若い』という歌だっただろうか。

「あな〜た　なあんだい　空は青空　二人は若い」

若夫婦の甘い生活のスタートが彷彿《ほうふつ》と浮かんでくる。

若さとは良いものである。そこにはエネルギッシュな行動力があり、希望がある。若い二人が力を合わせれば、戦後の焼け跡など何でもない。新しい生活を築いていく、明るい夢がふくらむばかりであろう。

また、公園で散歩を楽しむ老夫婦の仲睦《むつ》まじい姿にも、ひと味違った微笑《ほほえ》ましさがある。三十年、四十年と寄り添って生活してみれば、裏も表もすべてが分かってくる。お互いが空気のように解け合ってくる。共に苦労した道中があればこそ、その結びつきは、より確かなものとなってくるのであろう。

日本橋《にほんばし》大教会の会長様は、結婚式の祝辞でよくこんな話をされる。「夫婦仲が良ければ、人生の半分は成功したようなものである。ほかでどんなに成功しても、夫婦仲が悪ければ楽しみは少ない。夫婦はそれだけで小宇宙である」と。

朝夕のおつとめのお歌の中にもある。

　このよのぢいとてんとをかたどりて
　ふうふをこしらへきたるでな
　これハこのよのはじめだし

お互いに知らなかった男女が一つになり、夫婦となる。そのたすけ合いの中に、陽気ぐらしが始まるということであろう。

仲のいい夫婦からは、頭のいい素直な子供が育ち、明るい家庭が築かれていく。仲の悪い夫婦からは、不良少年、不良少女が育ち、暗い家庭が生まれやすい。すべては夫婦のあり方が種となって、さまざまな人生模様が描かれていく。

「夫婦をこしらえきたるでな、これはこの世のはじめだし」とは、良きにも悪《あ》しきにも夫婦が元である、ということでもあろう。

さて、夫婦円満の大切さは分かったが、夫婦円満の秘訣《ひけつ》は、いったいどこにあるのだろうか。

だいたい、思いやりの心、許す心のある夫婦は一つになる。反対に、冷たい心、責める心の強い夫婦はバラバラになりやすい。心一つが物種《ものだね》というが、まずは自分の心の中をよく反省してみたい。

反省のポイントとして、頼りになる主人だとか、よく気がつく女房だとか、相手の長所が目につく人は、心の澄んだ長所の多い人である。残念ながら相手の欠点ばかりが目に入ってきてしまう人は、自分の欠点も多いのである。自分の心が汚れていると相手のほこりが気にかかる。この〝気にかかる〟というのが問題なのである。どのように相手が見えるかで、自分の心をチェックしてみたい。

また、こちらが陽気になれば、不思議に周りのものが陽気に見えてくる。ニコニコと陽気な心は、必ず相手にもうつっていく。そんな中にこそ、楽しい夫婦関係が生まれてくる。いんねん寄せて守護するというが、夫婦はお互いに、鏡に映った自分を見ていると思えばほぼ間違いない。ともかく、要は自分自身である。

温かい牛乳を飲みたければ、目の前の牛乳を温めることである。冷たい牛乳が、自然に温かい牛乳には決してならない。そんな期待は無理な相談である。まずは、相手を温める努力をしたいと思う。

男は天、女は地

女性の社会進出、大学進学率の上昇など、ますます男女同権の時代になってきた。「女松男松《めまつおまつ》の隔てない」といわれるお道の教えからしても、差別が無くなってきたことは、誠に歓迎すべきである。

ところが、昨今はミスター・レディーとかミス・ダンディーとか、男か女か区別がつかないような人種が出てきた。その背景には〝男らしさ〟〝女らしさ〟という、それぞれの良さ、役割が分からなくなってきている現代の世相があるように思えてならない。そういう男女の特性・天性を見失った混乱が、家庭の混乱、離婚率の急上昇の原因にもなっているように思う。

さて、お道では「男は天、女は地」と教えられる。

男というものは天のように大きくあれ、広くあれ、ということであろう。男は、主人と呼ばれて大切にもされるが、それだけ責任も重い。家族全員を無事に運ぶ船の船長のような、大きな役割がある。

男は天である。第一に、大らかで、夢をもち、広く物事を考える人でありたい。

また、女はすべてを支える大地のようでありたい。大地は、すべてのゴミ、不要物を引き受ける。それを肥《こ》やしとして草木一切を育て、生きとし生けるものを養っている。それが大地の役目である。

女は損な役目が多い。家族みんなが明るく生活できるようにと、健康の管理、家計のやりくり、炊事、洗濯、後片付けと、いろいろと雑用に心を配らなければならない。誰《だれ》もやらないこまごまとした用は、結局みんな主婦のところにまわってくる。しかし、そんな役目を引き受ける中に、子供たちが元気に育ってくる。そこに、女の楽しみも、喜びもあるのではないだろうか。

話は変わるが、「男は水、女は火」ともいわれる。

水は上から下に落ち、火は下から上に燃え上がる。

男は上から下に向かって働きかけ、女は下から上に向かって働きかける。男が上で女が下、などというと、男尊女卑の封建思想だと非難されそうだが、夫は妻をかわいがり、妻は夫を立てる。そこに夫婦円満の原形があるように思われる。

妻をかわいがる男は、仕事に恵まれる。内助の功を得て、ますます仕事に拍車がかかる。もし冷たい妻だったとしても、たんのうして通れば、その分だけ男の生きがいである仕事のうえで、ありがたさを見せていただけよう。

夫を立てる女は、素直な頭のいい子供に恵まれる。だいたい、子供には母親の影響が大きい。夫を立てる低い心が、そのまま子供にうつっていく。無責任でだらしない夫でも、たんのうして立てて通れば、その分だけ女の生きがいである子供のうえで、ありがたさを見せていただけるのである。

お道には、夫婦のあり方を大切にするうえから、そのほかにも男・女の心得として教えられることがある。

かぐらづとめにおいて、男の元の神であるくにとこたちのみこと、女の元の神であるをもたりのみことには、それぞれ尾がついている。くにとこたちのみことの尾は一筋で、たいしよく天のみことにつながっている。をもたりのみことの尾は三筋で、くもよみのみこと、かしこねのみこと、をふとのべのみことにつながっている。

尾は、方向を決める大切な役目を受け持っているが、男・女の役割のポイントを示しているとも考えられる。

くにとこたちのみことの尾が示す男の役割は、たいしよく天のみこと、すなわち切る働きである。正しいほうに思いきる。決断し、実行する。そこに、男の役目、かい性がある。

デタラメな男ほど、たちの悪いものはない。判断が狂う。決断ができない。

やることがトンチンカンな夫をもった妻や子は、まさに悲劇である。

仕事がデタラメなら、家計のやりくりがつかない。女性関係がデタラメなら、夫婦関係は治まらない。お酒やギャンブルにのめり込めば、家族の生活がめちゃくちゃになる。ともかく船長である男には、第一に、家族みんなが安心して生活できる正しい判断力、行動力が要求されよう。

をもたりのみことには三筋の尾があるが、女には、その三筋の尾が示す三つの大切な役割が考えられる。

まず、くもよみのみこと。これは飲み食い出入りの働きである。家庭円満な女の人には、料理の好きな人が多い。食べることは、趣味や遊びと違って誰もの共通の楽しみである。そんな楽しみを与える女性が、幸せになるのは当然だと思う。

二つ目は、かしこねのみこと。息吹き分け、言葉の働きである。女の人は言葉が大切である。優しく温かい言葉で、バラバラになりやすい家族みんなの心をつなぐ。女三人集まれば姦《かしま》しいというが、特に家庭の中では、それぐらい話好きでありたい。

三つ目は、をふとのべのみこと。引き出し、育てる働きである。生み育ての働きは女性特有のものである。どんな作物も温かさの中で育ってくる。母親のぬくみの中で子供たちも育つ。ご主人の心を育てるのも、奥さんの温かい思いやり、心配りであろう。

男は天、女は地。

男は水、女は火。

また、十全の守護から述べたような男の役割、女の役割など、それぞれ生まれ持った天性というものがある。男には男の天性、女には女の天性。その持ち味を失えば混乱が生まれる。

お互いの徳分を生かして、補い合い、たすけ合う中に、〝夫婦円満〟の陽気な家庭が築かれていくことと思う。

夫婦円満の家系

あるお道の先輩が、こう言われていた。

「夫婦円満な家庭からは、親孝行の子供が育つ。親孝行の子供は、結婚すると仲の良い夫婦になる。そして仲の良い夫婦からは、親孝行の子供が育ってくる」と。

なるほど、そんな流れがあったのかと、あらためて考えさせられた。

夫婦が治まらない。自分なりに精いっぱい尽くしているのに分かってくれない。どうしたらいいのだろうかと、そんな悩みをもつ夫、妻は多い。そんなときは、親の通ってきた道を静かに思い返して見ることも大切だと思う。

家庭内別居の末に、ご主人を若くしてがんで失ったOさんは、「私の両親は離婚しました。だから私は子供のころから、自分は絶対に夫婦仲良く暮らしたい、それだけは守りたいと思い、そんな夢をもって結婚したんです。ところが夫婦仲が悪く、別居となり、とうとう主人を失いました。やはり私も同じような道を歩んでしまいました」と、残念そうに話されていた。誠に気の毒なことであったが、どうしても子供は親の後を通りやすいのである。

子は、大人になるにしたがって、顔も親に似てくる。声も似てくる。性格も似てくる。人生の通り方も、同じような道を通りやすい。それが〝家のいんねん〟というものである。

おさしづに、

どういう事も成らんがいいんねん、思う通り行かんがいいんねんと言う。

(明治23・12・19)

と教えられる。どうしてもうまくいかない、どう生きたらいいか分からない。そんなときこそ、深い信仰と、いんねん切り替えの道が大切である。

三度も離婚した女性で、四度目の結婚で幸せになった人がいる。

将来の幸せを夢見て結婚した三度の夫婦生活は、それぞれ大変だった。運が悪かったのか、相手が並でない遊び人だったり、暴力を振るう人だったりで、相当苦労したようである。

あるとき、自分の不幸に耐えきれず、お道の教会の門をたたいた。

「なぜ私はこんなに苦労しなければならないのでしょう。これから先、どう生きていったらいいのでしょうか。私は幸せな結婚がしたい。幸せな家庭をもちたい」

その女性は、心の底からの願いをそのままに話した。

そのとき、その教会の会長さんが、こんな話をされたのである。

「よく分かりました。それでは、幸せな結婚ができて幸せな家庭がもてるようにしてあげましょう。しかし、一つだけ約束事があります。それは、私が見つける新しいご主人を、自分に相応《ふさわ》しい相手として、絶対に不足を言わないということです。約束ができますか」

その不運な女性は、最後の望みをかけて「決して不足は言いません。この次の主人が、私にちょうど似合いの夫と思って通らせていただきます」と誓った。そして、会長さんの見つけられた人と四度目の結婚がなされた。

私はその家庭にも行かせていただいたが、ご主人はフォークリフトで荷物の運搬をする仕事の人であった。家庭はとても明るく、二人の子供さんが楽しそうに遊んでいた。

おふでさきに、

せんしよのいんねんよせてしうごふする
これハまつだいしかとをさまる　（一　74）

と教えられる。どんな人と連れ添うのも、みな前生のいんねんである。前生の通り方から、ちょうど釣り合った夫や妻をお与えいただいて、今生を生きていくということである。

おさしづに、

　これ夫婦いんねん見て暮らす、見て通るいんねん、よう聞き取れ〳〵。

（明治24・3・22）

とある。与わる人がいんねんの人。そう自覚ができたときに、最後の望みをかけた四度目の結婚が、明るく幸せなものとなっていった。いんねんの自覚ができれば、たんのうの心が湧《わ》いてくる。たんのうの心があればこそ、どんな中も治まってくる。

深い信仰から、四度目の結婚で幸せになった。波乱の人生から、治まった素晴らしい夫婦が生まれてきた。その明るい家庭を見て、私は実にいい勉強をさせていただいたと思ったのである。

家出なし

低い心

家庭は、誰《だれ》にとっても居心地《いごこち》のいい、安らぎの場である。仕事を終えて夕方、くたくたに疲れて帰ってくる。温かい家庭で疲れを癒《い》やし、また朝は元気に仕事に出かけていく。たまには楽しい旅行もいい。友達の所に遊びに行くのもいい。しかし、わが家に帰ってくると、緊張の糸がゆるんでホッとする。家庭とは、そんなぬくもりがあり、掛け替えのない所である。

そんな大切な家庭を捨てて、夫が、妻が、子供が、ある日突然に姿が見えなくなる。これが蒸発・家出である。

残された者は大変である。夫がいなくなれば、家計は火の車。妻がいなくなれば、家庭の温かさは殺伐《さつばつ》とした冷たさに一変する。子供がいなくなれば、親は心配で夜も眠れぬ。誰がいなくなっても、残された者はただごとでは済まされない。

しかし、立場を変えてみれば、出ていく者も、好きこのんで家庭を捨てて出ていくのではない。どうしても居られない、居たたまれない。そんなことから、不安を抱えて出ていくのである。家出は、残された者にも、出ていく者にも、深刻な問題といえよう。

さて、幸せになりたい一心で家出して、本当に幸せになっていくのだろうか。

たとえば、好きな人ができて将来の幸せを夢見ても、家族を捨てて出ていった人の末路は、ほとんどが悲しい結果となる。大半は、好きな人に捨てられ、独りぼっちで寂しい人生の終末を迎える。

人生は、本人の徳で成り立っている。だから、嫌《いや》な人を避けて場所を変えても、代わりの嫌な人が必ずまた現れてくる。不思議なものである。

同じようなことで、転職の相談を受けることがたびたびある。私は、以前には「嫌ならやめたら……」と簡単に答えていた。しかし、転職しても同じような悩みが必ず起こってくる。そこで、最近は「絶対やめないほうがいい」と答えさせていただくようになった。

要は、逃げてもだめなのである。逃げても必ず追いかけてくるものがある。逃げるより、越えることが大切なのである。

それは、こういう心の成人だと思う。

家出は、家族の心のつなぎが切れているから起きてくる。このつなぎは、親神様の十全の守護の理からすると、くにさづちのみことのお働き。くにさづちのみことの、元初《もとはじ》まりにおける泥海の中でのお姿は〝かめ〟。だから、亀のように低い心、我《が》を張らない心、着実にゆっくりと歩む心――そんな心になるよう、心の転換を求められているのではあるまいか。

あるとき、こんな出来事があった。

わがままな奥さんに好きな男ができて、家出することになった。ご主人は何もかも承知のうえである。

なかなか気の強い奥さんで、言いだしたら一歩も引かない。仕方なく公認の家出である。ご主人とすれば、内心「これほどばかにされた、ひどい話はない」と思ったであろう。しかし、そこは人のいいご主人、あきらめて奥さんを気持ちよく家出させてあげることにした。そして事もあろうに、家出する奥さんの荷物を持って、駅まで送っていった。一方、奥さんは駅から電車に乗って、大手をふって好きな男の元へと行ってしまったのである。

それからしばらくたったある日のこと、奥さんは、つまらぬ浮気相手の元を去って、ひょっこり家に帰ってきた。おめおめと帰ってきた奥さんも厚かましいが、それを受け入れた優しいご主人の心も広い。

その後、夫婦は仲良く暮らすようになり、いまはもう孫が結婚するような年になった。お互いに、お父ちゃん、お母ちゃんと呼び合う下町風の老夫婦であるが、そんな昔があったのかと思うほど、睦《むつ》まじさがにじみ出ている。

思えば、手荷物を持って送っていったご主人の低い心、ひょっこり帰ってきたわがままな奥さんを受け入れた優しい心、その心が、家出を食い止めたのは確かであろう。危ないところであった。

低い、優しい心になれば、つなぎの働きが出てくる。この世の中は、そういうふうに作られているのである。反対に、高い心になれば、つなぎは切れていく。

家出をしたくなったり、家族の者が切れて飛んでいってしまったときは、亀の姿を思い出して、低い心、我を張らない心で通らせていただきたいと思う。

中心を失えば家族バラバラ

家出少年、家出少女の相談に乗ってみると、親はほとんどの場合、尊敬もされていなければ親しみも感じられていない。親という形はあっても、親の役割がなされていないし、存在感すらない。

ある家出少女に「親の元に帰ろうよ」と言うと、顔付きがサッと変わった。そして、「その話はしないでほしい」という答えがすぐに返ってきた。少女にしてみれば、親のことは思い出すのも嫌だったらしい。

また、父親のことを「どこかのおじさんのような気がする」と言った、親元に帰らない青年もいた。

家庭の中心は親であるが、形として親があっても、心の中に親がない。中心がない。根が切れている。そんな子供が家出をするのである。出ていく子供にも問題はあるが、原因は親にもあるのではないだろうか。

その少女に、なぜ親のことを話したくないのかと尋ねると、「父親は頑固《がんこ》で、自分中心で、話すのも嫌だ」と言っていた。親が親らしくないのである。自分勝手でわがままが過ぎるのである。

その青年に、なぜどこかのおじさんのような気がするのかと聞くと、「父親は、気にいらないとすぐ暴力を振るった。だから、親しみもない。心も通わない。もう一緒に暮らすのは嫌だ」と言っていた。いわゆる、わがままで自分中心の親は、親となる資格がないのである。

誰にでも守らなければならないものがある。自分にとっての中心、これを大切にしない者は、中心になることができないということである。

あるとき、こんなことを聞いた。

おじいさんやおばあさんのいる家庭と、核家族の家庭とでは、子供の心が違う。どう違うかというと、三世代家庭の子供のほうが、心が豊かで思いやりがあるということであった。両親が祖父母に心を配る。その両親の後ろ姿を見て育つ子供は、親を尊敬するようになる。そして、親しみの中で情緒が安定する。当然のことと思う。

最近は核家族化が進み、おじいさんやおばあさんと一緒に暮らす家庭が少なくなった。だから、身近に親孝行の手本がない。そのせいか、親を「あんた」と呼ぶ子供もいる。ひどいのは「ばか」と呼ぶ。これも時代の流れとあきらめている向きもあるが、大変な時代になってきた。

くどいようであるが、親の通り方が問題なのである。そんな家庭こそ、家出の素地を作っているといえよう。

話は変わるが、近ごろの新興宗教で、ご先祖供養《くよう》、親孝行を第一に勧めている教団が増えてきた。昔なら、こういうことは当たり前のことであった。どこの家庭でもなされていたことである。それを、ことさらに強調しなければならないほど、現代は生活の根底が揺らいできたということであろう。

親がお墓参りをする。神様に手を合わせる。そんな親の姿を見ている子供は、心豊かに育つ。自分の親の親を知る。その元である神様に手を合わせる。

そういう中に、自然と自分中心の心が消えて、感謝の心、思いやりの心が育ってくるのである。

お道では、昔からよく、家庭が治まりたかったら日参せよと教えられた。教会に日参すれば、どんなに混乱した家庭でも必ず治まってくる。それは、家庭の中に神様という中心が生まれてくるからである。

家庭円満は、陽気ぐらしの元である。夫婦親子がバラバラでは楽しみも少ない。神様を中心に親子が一つに睦み合う、そんな家庭が一軒でも多くなったら、どんなに素晴らしいかと思う。

家出のいんねん

いろいろといんねんの話は聞くが、家出にもいんねんがある。それを知ったのは、ある少女の一件からである。

もう二十年も前になるが、田舎《いなか》から家出をしてきた少女が教会へ連れてこられた。よくも危ない誘惑の多い都会に、簡単に家出などしてくるものだと驚いたが、事情を聞かせていただくうちに、これもいんねんのなせることとなのかと、つくづく思った。

というのは、その少女の母親が家出しているのである。そのために、少女は祖母に育てられた。しかも、よく聞けば、その育ててくれた祖母も、その昔、家出をしたそうである。家出した祖母、家出した母。そう続けば、その少女が家出をしても当然のことだったのかもしれない。

いまは、その娘さんもお道の信仰をしっかり心に刻んでおり、子供もできたが、家出など微塵《みじん》も感じさせない明るい家庭を築かれている。

おさしづに

いいんねんというものは、一度に分かるやない。（明治21・4・14）

とある。簡単に自分のいんねんが分かるものではない。十年、二十年、三十年と長い年月を経て、なぜこういうことが何度も起きてくるのだろうかと、いろいろと考えるようになる。そんな中に、自分を見つめる目ができてくる。今回のように、祖母、母、自分と続く中に、いんねんの自覚ができてくるのである。

自分のいんねん自覚ができれば、知らず知らずに心は、いんねんを切り替える道に向かう。

その少女は、いまは明るい家庭のお母さんになり、時折にをいがけ・おたすけにも出ている。子供たちに、そんな悲しいいんねんが残らぬようにと励まれているのであろう。

どんないんねんでも、いんねんで悩むのは苦しい。追われる苦しさがある。しかし、おたすけは、やりがいがある。明るさがある。たすかっていただきたいという心が、明るさと勇み心を生み出すからである。

私は、こうも思っている。

因とは種である。縁とは畑である。種と畑の二つが一つになって、すべての作物が実ってくる。いんねんとはそういうものである。だから、もし悪い因（種）が自分にあると思っているとしたら、悪い環境のところへは絶対に近づかない。そういうことが肝心だと思う。

ギャンブルいんねんの人は、パチンコ屋、競馬・競輪場の近くへは行かないことである。

アルコールいんねんの人は、酒屋の近くには行かないことである。

色情いんねんの人は、夜の盛り場などには行かないことである。

そして、良い環境の所へ行く。できれば、神様の所へ一回でも多く足を運ぶことだと思う。教会へ通えば、それだけ心のほこりが洗い流される。心の向きが変わってくるのである。

神様に近づけば、心が澄んでくる。神様から遠ざかれば、いんねん心が出てくると聞かせていただく。

どんないんねんにも、そのふしを通して陽気ぐらしの花を咲かせたいという、神様の思いがある。お道の先輩はみな、深いいんねん自覚の中から明るさを取り戻していった。そんな神様の思い、先輩の通られた道を、いつも心に刻んで、どんな中も勇んで通らせていただきたいと思う。

浮気なし

甘いもの、怖いもの

浮気の常習犯である男性から、こんな話を聞いた。

「女の人といると、安らぎを感じるのです。心が落ち着くんです。浮気がいけないのは分かっていますが、心が渇いて、どうしてもブレーキが利かないんです」

その男性は、悪いと分かっている。人に迷惑をかけるのも分かっている。しかし、なかなか思いどおりにいかない心の内を打ち明けてくれた。考えが甘いといえば誠に甘いのであるが、分かっていてもやめられない。そんな心の弱さを反省しているようでもあった。

半面、昨今は浮気など悪いとも思わない、そんなドライな風潮もある。自分に忠実に生きる、自分に素直に生きるという生き方が、人間らしい生き方だと思っているのである。

以前、不倫女優のインタビューをテレビで聞いた。「相手の奥さんの気持ちを考えたことがありますか」という問いかけに、「そんなこと考えない。分からない」と、全く反省の色がない。インタビューなので、開き直って素直になれないのかもしれないが、もしその言葉が本心ならば、自分中心で、幼稚な、未熟な人といえよう。

さて、浮気はした者得と、そう思っている人もあるかもしれない。しかし、浮気が元で人生を狂わせた人が実に多いことは、記憶にとめておくこともむだではあるまい。

私は学生時代、レポートの提出に困って、新聞の半年間の記事から殺人・変死について拾い出し、統計的に調べたことがある。それは、都市と農村とを比較して、たぶん凶悪事件は都市のほうに多いだろうとの推測を、新聞記事から検証するつもりであった。

しかし、いろいろな記事を読んでいくうちに興味をひかれたのは、都市と農村のどちらが多いかという地域の比較よりも、その原因のほうだったのである。分かってきたことは、世間を騒がす凶悪事件の原因で圧倒的に多いのが、男女間のもつれであった。

中には、老人ホームで、八十歳近い老齢の男女の間のもつれから、事件に発展したという記事もあった。

ちなみに、浮気をする年齢は、男は三十八歳、女は二十四歳が最も多いそうであるが、浮気が元で起こってくる悲惨《ひさん》な結末から考えると、若気の至りなどと簡単に済まされない問題といえよう。

日本では、浮気に対する社会的制裁があまりない。しかし、イスラム圏では鞭《むち》打ち百回、韓国では二年以下の懲役《ちょうえき》という。

なんと堅苦しいことか、なんと不自由な時代遅れの国かと、そう思うかもしれないが、浮気が招く無残な事件、家庭に及ぼす重大な影響を考えれば、むしろそれが行くところまで行く前の歯止めになって、結果的には良いのではないかとも思える。

ともかく、浮気をしたくなったら、物騒な事件の種を蒔《ま》こうとしているのだということを思い起こしたい。

〝ほしい〟のほこり

おぢばで聞かせていただく別席のお話の中に、「女を見ては女をほしがり、男を見ては男をほしがり」とある。これは〝ほしい〟のほこりである。夫、妻というものがありながら、社会のルールを破ってまでも男や女を欲しがるのは、自分の心の中に〝ほしい〟のほこりがあるということである。自分の心というのは、なかなか分からないものである。自分だけではよく分からない。そんな場合は、人と比較してみるといい。

お酒が好きな人は、お酒には目がない。ギャンブルの好きな人は、ギャンブルに目がない。色情いんねんの人は、異性に目がない。

なぜそれほど好きなのかと、好きでない人から見るとおかしいくらいに、お酒やギャンブル、異性に振り回されている。それが分からない、そのやめられない心の癖《くせ》、弱さこそが問題なのである。

好きがいんねん、と教えられる。何が好きかで、自分のいんねんが分かる。いんねんを切り替える道は、好きが嫌いに、嫌いが好きになることともいわれる。お酒を飲んで夜更《ふ》かしするのが好きであった人が、早寝早起きが好きになって、仕事が好きになったら、いんねんが変わったということである。

話は変わるが、Aさんは、どちらかというと色情いんねんの深い人であった。青年時代に、その癖が出て、職場でも人間関係で面倒な問題をたびたび起こした。そのたびに仕事も転々と変わって、信用も地に落ちた。結婚してからも浮気の癖は直らず、離婚騒動にまで発展したのである。

浮気が悪いのは分かっている。何度も痛い目に遭《あ》っている。だから、幾度も反省をしたことであろう。しかし、好きを変える、いんねんを切り替えるということは、並大抵のことではなかった。

そんな中でAさんは、教会に通うようになった。最初は、教会へ来て悩みを打ち明けるだけであったが、そのうちに自分から神様の御用をするようになった。にをいがけ・おたすけである。

仕事の合間に、仲間の相談に乗る。世の中には、困った問題で悩んでいる人はたくさんいる。そこで、解決の道をお道の教えから話させていただく。困っている人の相談に乗ることは、実にやりがいのあることである。やりがいがあるから、つまらぬいんねん心が出る隙《すき》がない。そんな中から、自分自身のいんねん切り替えの道が始まった。

最近は、浮気心も出ず、家庭も穏やかに治まっている。そして、おたすけの輪が少しずつ広まっていくのが実に楽しみなようである。

以前は、人に迷惑をかける〝浮気〟が好きであった。それがいまでは、人が喜ぶ〝にをいがけ・おたすけ〟に生きがいをもって歩むようになった。自分を狂わせていたいんねんが、良いほうへ大きく切り替わってきたといえよう。

人間は「無くて七癖」といわれるように、誰《だれ》にでも癖・性分がある。浮気の癖は、自分だけが困るのではない。自分の家庭を巻き込んで混乱させる。そして、さらに悪いことに、穏やかだった人さまの家庭も崩壊させる。いわば連続凶悪犯のようなものである。それだけに根強く、なかなか取れないが、そんな癖が一日も早くなくなるような道を歩ませていただきたい。

いんねんを切り替える道

夫となる人を頼りに、信じて嫁いできた。愛とは尽くして求めぬことと、そう信じて自分なりに精いっぱい尽くしてきた。夫の気持ちを損《そこ》ねぬように、細かいところにも心を配ってきた。

しかし、その夫に裏切られた。生涯を捧《ささ》げた私の真実を裏切って、ほかの女に手を出した。そんなむごいことを平気でする人を、私は信じることができない。許す気持ちにもなれない。

踏みにじられた悔《くや》しさ、惨《みじ》めさに、自分が情けなく、かわいそうにもなる。それが、浮気をされた妻の心境であろう。

夫に浮気をされた女性が、ある教会へ訪ねてこられた。

「夫の様子がおかしい、どうもおかしいと思っていたのですが、調べてみると、女がいるのが分かりました。いったい、どうしたらいいのでしょうか。そう分かったからには、裏切り夫も、その浮気女も許せません」

それまで何不自由なく暮らしていたが、その事件を境に家庭の事情は一変したのである。そこで、教会の奥さんのお話が始まった。

「それは大変なことですね。あなたの気持ちはよく分かります。しかし、夫を責めても、その女を責めても、問題の解決にはならないでしょう。それよりも、お道の理から解決することです」

「お道の理から解決するというのは、どういうことですか」

その女性は、じっと聞き入った。

「それは、夫の相手の所へ行って、お詫《わ》びをしてくることです」

その答えを聞いてびっくりした。

「夫を取られた私が、奪った憎い女に謝りに行くというのは、いったいどういうことなんですか」

教会の奥さんのお道の話が続いた。

「自分の夫を女に取られるというのは、前生できっと、その女の夫を奪ったからなんですよ。その理を、今生で見せてくださっているのですよ。だから、前生のお詫びを今生でさせていただくのですよ」

初めて聞くお道の理の話に、その女性は驚いたり、反発を感じたりしたようである。

しかしその後、お道の話を心に刻み、実行に移されることとなった。やりきれぬ思いを振り切って、その女のところへ謝りに行ったのである。夫に浮気された女性の心境を考えれば、一切の人間思案を捨ててこそできることで、それこそ火中に飛び込むほどの勇気がいったことであろう。

そして、自分の深い悪いんねんを少しでも切り替えさせていただこうと、余暇を見つけては、にをいがけ・おたすけに歩かれることとなった。

それからしばらくして、ご主人が変わってきた。家にいる日が多くなり、だんだんとその女とも縁が切れてきた。そして、神様を家に祀《まつ》ることになり、ご主人も神様に手を合わせるようになったのである。

よくぞ、そんな道を通るように説いたと思う。また、よくぞ、そんな道を通ったと思う。説く人も説く人なら、実践する人も実践する人である。

しかし、そこに本当の解決があった。再び治まった家庭がよみがえってきたのである。それは、苦難を越えたという自信に満ちた、以前にも増して明るい家庭であった。

お道では「ふしから芽が出る」といわれる。事情や身上は、ただ解決されただけでは、その事情や身上を頂いた意味がない。それをきっかけに一歩成人してこそ、陽気ぐらしに向かうお道の生き方であるといえよう。

みかぐらうたに、

むごいことばをだしたるも
はやくたすけをいそぐから
（十下り目　6）

と、いつも歌わせていただいている。

人をたすけるためには、言いにくいことでも言わなければならないときがある。それは、心の底からたすかっていただきたいという真実の言葉でなければならないが、真実の心があれば、どこか通じるものである。真実の心で、言うべきことをはっきり言える、そんな人になりたいと思う。また、親身になって忠告してくれる人の言うことを、素直に聞ける人になりたいとも思う。

自分の生き方が絶対正しい、ご意見無用などと、反省心のない人がいる。しかし、反省のあるところにこそ進歩があり、発展があろう。

おふでさきにも、

このみちハどふゆう事にをもうかな
このよをさめるしんぢつのみち
（六　4）

と言いきっておられる。

誰でも、目先のことに走りやすい。お道の解決方法は、その場は損に思えても、後々のことを考えたら、本当の解決、本来の解決を教えられているのである。

どんな難問も、どう解決していったら本当の解決になるのかを思案させていただきたいと思う。

親子の信頼

子は宝か?

山上憶良《やまのうえのおくら》の詠《よ》んだ、よく知られた歌がある。

銀《しろがね》も金《くがね》も玉もなにせむに　勝《まさ》れる宝　子にしかめやも

子供への愛情の深い憶良の歌は、万人の共感を呼び、千年余りの時を経た今もなお、人々の心に訴えるものがある。

子供の喜びは親の喜び。子供の悲しみは親の悲しみ。子供たちの明るく元気に育つ姿を見ると、働く意欲が湧《わ》いてこよう。

親は、子供の幸せを夢見て精いっぱい働く。そんな親の後ろ姿を見て育った子供は、無条件に親を慕って、すくすくと育つ。親孝行な子供たちに囲まれて、幸せそうな老夫婦を見ると、そんな人生がいいなあと思う。

お道ではよく、「親が子となり子が親となる。この世は、親子のご恩の報じ合い」と教えられる。深いご縁で親子となり、強い絆《きずな》でたすけ合って生きていくのが親子というものであろう。

しかし、近ごろの親子関係はどうだろうか。「親子断絶」という言葉が聞かれるようになって、もう久しい。最近は「家庭内暴力」という、実力行使にまでエスカレートしてきた。

ある夫婦は、こんな嘆きをつぶやいた。

「あの子がいなければ、私たち夫婦は幸せなんですが、あの子がいるために、家庭はめちゃくちゃで安心して暮らしていけません」と。

暴力を振るう子供をもった親の苦しみは、大変なものである。親は子供に、何としても幸せになってもらいたい。だから、至れり尽くせりで世話をする。しかし、その思いやりの気持ちが全然伝わらない。

母親が食事を出すと、「あんたの作ったものは食べたくない」と言う。

優しい言葉で話しかけても、「うるさい。あんたの話は聞きたくないんだよ」と言う。

年老いた婦人が「頭が痛い、目が見えにくい」と言うので理由を聞くと、子供に話しかけたとき、何が気に障《さわ》ったのか、突然に殴《なぐ》りかかってきたという。

また、子供の浪費に泣く親も多い。子供といっても、そんな場合はだいたいが大人である。

「もう、何度も尻拭《しりぬぐ》いをしました。今度こそ、今度こそと思ってしまいましたが、もう疲れました。いったいこれから、どうしたらいいのでしょうか」

やつれきった老夫婦からこんな相談をもちかけられたときは、子宝どころか、大変なお荷物だと思ったものである。

もう何年も前になるが、新聞で、老後の親の面倒をどうするかというアンケートの、国際比較の記事を見たことがある。韓国、米国、日本の比較だったと思うが、親の面倒をみるというのが、それぞれ七〇パーセント、四〇パーセント、二〇パーセントであった。現在は多少、変わっているかもしれないが、ともかく、日本の子供の多くは老後の親の面倒はみないという結果に、なんとも寂しい気持ちがした。親孝行にすぐれた日本人の心は、どこへ行ってしまったのであろうか。

親は、「子宝」といって楽しみに育てる。子は、育てていただいた親のご恩に報いようとする。親子はご恩の報じ合いである。そこに温かい血が通うのであろう。

親子の信頼は〝陽気ぐらし〟の基本であるが、ならば、それはどんな中に現れてくるのであろうか。

親が育てば子も育つ

親子断絶、家庭内暴力。こんな家庭を見ていると、子供のころ、かわいい、かわいいで育てられた子供が、大きくなっても自立できず、親に反発している例が多いようである。親は、子供が一人前の人間として生きていけるようにしてやるのが一番の役目である。ところが、肝心なしつけができないまま育ててしまう。

「おじいちゃん子、おばあちゃん子は、三文《もん》安い」と昔からいわれる。これは、甘やかされて育てられるからである。最近は、両親が甘やかしている場合が多い。特に母親は、嫁ぎ先の両親の世話や、夫のことはいい加減にして、子供にばかり手間をかける。こんな家庭からは、決して自立できる子供は育たない。

あるとき、こんな話を聞いた。

ご主人が、自分の誕生日に会社でお弁当を開けると、普段と違ってたくさんのご馳走《ちそう》が入っていた。いつも冷たくされているご主人は、感激して会社から早速、奥さんにお礼の電話をした。すると奥さんは、ご主人が間違えて子供のお弁当を持っていったと、とても怒ったということである。

父親の権威失墜もここまで来たかと思ったが、笑いごとではない。それが結局、子供の心の成長にどうつながるかを考えてみなければなるまい。

子供は、もらうことばかりを学んで、親を立てることを知らずに育つ。「立てば立つ」（明治25・2・20）と、おさしづにもあるが、甘やかされてばかりで立てることを知らずに育った子供は、自立できない気の毒な子供になってしまうのである。

最近は、もっとひどい。わが子かわいいというより、わが身かわいい身勝手な親のために、子供がとんだ目に遭《あ》っている。両親がパチンコに夢中になっている間に、子供が車の中で熱中症で亡くなった。母親がおしゃべりに夢中になっている間に、ヨチヨチ歩いて車にはねられて亡くなった。そんな事件が何件もある。

命に代えても自分の子供がかわいい。それが親というものである。ところが、子供をほったらかしで死なせてしまう。そんな事件が多いということは、親になりきれていない親が多くなってきたということである。

話は変わるが、昔、小さな子供たちを家に残して出ていってしまった母親が、こんな泣き言を言っていた。

「あのときは仕方がなかったのです。私も生きていかなければならなかった。子供のことまで考えられなかった」と。

ご主人を若くして失った奥さんは、頼るところがない。自分が生きるのに必死で、子供にまで気を配っていられなかったという。確かに厳しい中であった。しかし、親に見放されて、放られたまま成人した子供たちは、それをよく覚えている。だから、親を心から信じることはない。当然のことである。

「大人になった子供が自分の言うことを聞いてくれない」と、子供を責める口調で憤慨《ふんがい》していたが、親の役目を果たしていなかったことを忘れてはならないであろう。

子供が一歳になれば、親も親としての一歳になる。

子供が十歳になれば、親も親としての十歳になる。

子供だけが成長しているように思うが、本当は、子供と親は一緒に成長しているのである。

親が育てば子も育つ。

親の思いやりの心が、子供の思いやりの心を育てる。

親の自制心が、子供の自制心を育てる。

親の祖父母への孝行が、子供の親孝心を育てる。

親子の信頼は、そんなお互いの心の成長の中で生まれてくるのではないだろうか。

親子となるは、いんねん

おさしづに、

親子の理、いゝんねんゝ理聞き分け、善い子持つも悪い子持つもいゝんねんゝ。
これ聞き分けにゃならん。
（明治34・3・11）

とある。

「いんねんとは、分かりやすく言うと、組み合わせである」と言ったお道の先輩がおられたが、親子となる組み合わせは、誠に不思議な深いご縁である。

さて、「善い子持つも悪い子持つもいんねん」というならば、「善い親持つも悪い親持つもいんねん」ということである。どんな親をもつのも、徳いっぱいである。親が悪いのではない。そういう親の元に生まれてくるいんねんがあるのである。

ところで、柏木庫治《かしわぎくらじ》先生は、こんなことを言われた。

「親の不出来は子供への親心」と。

神様は、不出来の親を使って、素晴らしい人間になるようにと、子供のころから仕込んでくださっている、ということである。さすがはどんな中も明るく通られた柏木先生の発想、と感心させられたのであるが、子供がみんな、そういう発想をするようになったら、親子の問題などどこかへ飛んでいってしまうであろう。

柏木先生は生来、親孝行な子供であった。家が貧乏であったために、頭は良かったが尋常小学校しか出ることができなかった。そして、働いて得たお金は、ほとんど親へ仕送りしたそうである。先生の伝記『陽《ひ》はまた昇る』の中に詳しく書いてあったが、二十二円の月給を頂くと、五十銭を手元に残して、あとの二十一円五十銭を親に送る、というようなことであった。

貧乏な境遇、子供のころから親への仕送り。そんな中で、人間的にも成長していったのであろう。若くして無一文から材木店の主人になり、その後、単独布教から大教会をつくるまでになった。

柏木先生の親が不出来だったという訳ではないが、「親の届かぬところは子供への親心」とは、夢物語を語ったのではなく、ご自身の人生からにじみ出た思いなのではあるまいか。

親に心配をかければ、子供に心配をかけられる。

親に孝行すれば、自分の子供が親孝行になる。

不出来な親に孝行すれば、自分の子はみな、大変な親孝行になるということである。

柏木先生の三人のお子さんのうち、二人の息子さんは東京大学を卒業されて、教会長となられた。娘さんも教会長となり、三人とも、それぞれ本も出され、大変活躍された。子供全員が教会長となり、親孝行の道を歩まれることとなったのである。

親は根、自分は幹、子供は枝葉という。親、子、孫は、別々のもののように思うが、実は一つの木のようなものである。

根が傷む、根がやせる。根がだめなら、自然に幹や枝葉は枯れてくる。そこで、根が悪い、根の責任だと、根をつついて傷つけると、幹や枝葉はますますやせ細り、生気を失ってくる。だめな親をいじめれば、その報いは自分に返ってくるのである。

反対に、根が傷んでやせてきたなら、根に肥《こ》やしをやる。根が太くなり、元気になれば、やがて幹や枝葉は生気を取り戻し、青々と繁《しげ》ってくる。こんなことは誰《だれ》でも知っている。しかし、自分のこととなると分からなくなるから怖い。

不出来な親に孝行すれば、親も喜ぶ。「トンビがタカを生んだ」とばかりに、こんな嬉《うれ》しいことはないという。親の喜ぶ姿は、子の喜びでもあろう。しかし、それは親のためばかりでなく、自分が栄えていく道筋であり、自分の子供が幸せになっていく道筋でもあるということである。

親子となるのは、深く不思議なご縁である。自分が選んで親子となったのではなく、神様が決めてくださったこのご縁。このご縁を大切にすることは、神様の決めてくださった思いを大切にするということでもあろう。

言うことを聞かない親不孝な子供を抱えて通る。

ろくに子供の世話もしない不出来な親の面倒を見て通る。

身近なだけに、当人の苦労は並大抵なものではない。しかし、真実を尽くし、誠の心を尽くす中に、やがて神様のお働きを頂いて、良いご縁を頂くようになるのである。

そこまで、神様を信じて通らせていただきたいと思う。

嫁姑の治まり

あほうは神の望み

かつて「女は三界《さんがい》に家無し」といわれたそうである。

幼くは親に従い、嫁《か》しては夫に従い、老いては子に従う。

今日からみれば、眉《まゆ》をひそめたくなるほどの男尊女卑の時代であった。

そんな中でも、特にお嫁さんの苦労は並大抵ではなかった。朝は一番早く起き、炊事、洗濯、掃除。そのほかにも山ほどの雑用があり、寝るのは家族の者がやすんだ一番あとであった。

そのうえに、家にはそれぞれ家風というものがある。それを仕込むのが、その家の大先輩、お姑《しゅうとめ》さんであった。お嫁さんは、お姑さんの言うことを素直に聞いて、だんだんと嫁ぎ先の家のしきたりを学んでいく。昔はその仕込みの中で、相当ひどい姑の嫁いじめがあったそうである。

ところが、最近はどうか？　女性が強くなった。特に、お嫁さんが強くなった。家のしきたりなど関係ないとばかりに、自分の家庭は自分の好きなようにする。お姑さんの忠告も、教育も、必要ないという。お姑さんの言うことは時代遅れで考えが古い、と全く相手にしなくなった。

昔、お姑さんに仕込まれた今のお姑さんは、今度は逆に、お嫁さんのわがままで困っている。厚かましい振る舞いにも、遠慮がちにじっとだまっている。口には出さぬが「近ごろの嫁は夫を尻《しり》に敷いて、自分勝手で温かみも遠慮もなく、とんだ困り者だ」というのが、大半のお姑さんの思いであろう。

人のいいお姑さんでも、お嫁さんとうまくいっていない人がたくさんいる。人のいいお嫁さんでも、お姑さんとはどうしても合わない人がたくさんいる。いったい、これはどうしてだろうか。

そこで、嫁と姑が同居している数少ない円満三世代家族の人から、そのコツを聞いてみた。返ってきた答えは、不思議なほど、ほとんど同じであった。

「あほうになればいいんですよ。利口になってはだめです。相手の悪いところが見えても、責めたり、注意などあまりしてはいけません」とのことであった。

反対に、うまくいっていない家庭は、しっかり者のお嫁さん、しっかり者のお姑さんの場合が多い。特に、やり手で、まじめなお姑さんの場合が具合悪い。

若いときはお嫁さんをしっかり仕込んだつもりであった。しかし、年老いて十分な働きができなくなってからが大変。今度はお嫁さんの反撃が始まった。それで苦労しているようである。

もう、知恵や力で人を押さえつける時代は終わったのではあるまいか。押さえつければ、弱い者はだまって言うことを聞く。その場はそれで治まる。知恵や力で勝てないから、だまっているのである。それで解決したように思うが、押さえつけられたほうは、いつかその思いを晴らしてやろうと、その機会を待っているのである。

これは嫁姑だけの問題ではないが、嫁姑争いの根の一つはそこにあろう。お道では「あほうは神の望み」と教えられる。強くなって、賢くなって、相手をビシビシ仕込む生き方から、相手が悪いのは自分が至らないからだと、どこまでも自分を磨いて、相手の真実を引き出す生き方に変える。自分が変わる中に、相手が変わってくる。それが本当の変え方ではあるまいか。

そんな生き方は、まどろっこしく思える。ばかばかしく思える。あほうにならなければ、とてもできることではない。しかし現実には、あほうになって、ばかになって通っている家庭のほうが治まっている。そういうところからみると、「あほうは神の望み」ということが、なるほどと心に治まってくるのである。

些細《ささい》なことに引っかかるから、人間関係が難しくなる。あほうになって気にしない、こだわらない。どれだけあほうになれるかが、心の広さ、大きさであり、心の成人ということではあるまいか。

中心は一つ

これまで嫁姑の問題で、どうしたらいいかと、いろいろ尋ねられた。会ってみれば、お姑さんもお嫁さんも決して悪い人ではない。いい人なのである。

いい人といい人が一緒になって、なぜうまくいかないのか。聞かれても何と答えていいか分からず、本当に困ってしまった。そこで、いろいろと考えてみた。

人間はみな平等、確かにそうである。しかし、どんなものにも中心がある。そこに調和、治まりがあることを知らねばなるまい。

家庭の中心は親である。

会社の中心は社長である。

サル山の中心はボス猿である。

その中心があればこそ、家庭も、会社も、サル山も治まっているのである。ところが、中心がなくなったり、中心が二つできたりすると、必ず争いと混乱が起きてくる。それが嫁姑の問題といえよう。

簡単にいえば、家事の中心が主婦一人の場合は、何も問題はない。ところが、お嫁さんが入ってきた。お嫁さんが昔のように素直なときは良かったが、お嫁さんが強くなると、家の中に中心が二つできる。だから、いいお姑さん、いいお嫁さんでも、必ず争いと混乱が起きるのである。

現代は核家族化が進んでいる。大学時代の友人の書いた研究論文が送られてきたのを読んで、びっくりした。

「夫婦と未成年の子供で構成される世帯が約三三パーセントしかないという現実が物語るように、今日の暮らしは、若年および高齢者の単身世帯、夫婦だけの世帯など、従来の〝家族〟のイメージではもはや語り得ない形で営まれている」とのことである。

家族が、昔ふうのいわゆる〝家族〟でなくなってきているという。嫁と姑どころか、親と幼い子が同居する世帯すら全体の三分の一という。出生率が低下したことも大きな原因であろうが、そこまでバラバラになってきた。

なぜそうなったのだろうか。それは、家の中に中心が幾つもできるようになったからである。中心が幾つもできて、まとまらなくなって、バラバラになってきた。

嫁姑もバラバラ、夫婦もバラバラ、親子もバラバラ。良くいえば、自分流の生き方を見つけてきたのである。悪くいえば、自分中心のわがままな人が増えてきたということではあるまいか。

自由もいい、わがままもいい。それが安らぎであり、楽しみの場合もある。しかし、その代償として、家族はバラバラになり、親も子も孤立化の道を歩んでいることを忘れてはなるまい。

舅《しゅうと》・姑はその家の元であり、根である。いくら働きがなくなったからといっても、中心であることに変わりはない。中心を失えば、混乱が待っている。老いた親を粗末にすれば、自分の子もバラバラになっていくのである。

また、自分が年老いて舅・姑になったら、もう全体を取り締まる体力も判断力もなくなってくる。そこで、やかましく自分の生き方を押しつけない。若い夫婦のやり方に口をはさまないことである。

時代が違えば、考え方もやり方も違う。口を出せば、若夫婦はやりにくくて仕方ない。「ありがたい、結構や」と、若い人のしてくれることを喜んで通ったらいいのだと思う。

家庭は、陽気ぐらしの根源である。くどいようであるが、中心のないところに治まりはない。平和も安定もない。何が中心か、心の目を開いて見分ける力をもちたい。そして、自分中心の心を捨てて、その場のわがままな楽しみより、家族団欒《だんらん》の本物の楽しみ、和気あいあいの心からの喜びを味わいたいと思う。

娘が帰ってきた

ある結婚式でのことである。お嫁さんの両親が、お婿《むこ》さんの両親にこんなあいさつをされた。

「お宅さまの娘さんを、長い間育てさせていただき、ありがとうございました。きょう、お返しさせていただきますので、何とぞよろしくお願いいたします」

これは、お道の〝魂のいんねん〟から教えられたことを、そのまま言われたのであるが、さすがはお道の人、実に内容の深い、これでこそ陽気ぐらしに向かう心だと思わせていただいた。

どこの家庭でも、母と娘は仲がいい。お嫁に行ってからでも、娘が帰ってくると一晩中でも話は尽きない。どんな悩みも打ち明け、母は娘の幸せを願い、娘は母の幸せを思いやる。

ところが、嫁と姑となると、別世界である。話はぎこちなく、必要なことだけで、事務的になりやすい。話も少ないが、思いやりの心も少ないようである。

お嫁さんは、他人ではない。魂のいんねんからすると、娘である。そんな中にこそ、和気あいあいの嫁姑ができてこよう。温かい見方、治まりのよい考え方も出てこよう。

芦屋雁之助《あしやがんのすけ》の『娘よ』という歌がある。

「風邪《かぜ》をひかずに達者で暮らせ」「可愛《かわい》い女房と云《い》われて欲しい」

歌えば、胸が熱くなるほど、娘を嫁に出す親の気持ちが伝わってくる。

嫁ぐ家に一人で入っていく。周りはみな他人ばかり。幸せにやっていけるだろうか、いじめられないだろうかと、心配なのである。だからこそ、娘のようにかわいがられてほしいと思うのである。

離婚して家を出ていった、ある若い奥さんから、こんな話を聞いた。

「ともかく、娘と嫁の違いがこんなにすごいものだとは知りませんでした。自分の娘たちには美味《おい》しいものを取っておく。そして、嫁の私は残りもの。

娘はわがまま放題、散らかし放題。それなのに、片付けは嫁の仕事。私はもう、疲れました」

「難しい中でも、主人が私の立場を理解していてくれた間は、その愛情でやってこられました。しかし、義母・小姑《こじゅうと》と私の溝が深まるにつれて、主人に対する信頼も薄らぎ、結局、子供を連れて出ていくことになったのです」

長年の間にできた心の溝は埋めがたく、周囲の人の説得も効果なし。とうとう一家はバラバラ。嫁と孫は出ていくことになった。

繰り返しになるが、お嫁さんは他人ではない。魂のいんねんからすると、自分の娘である。自分の娘と思えば、こんな悲惨《ひさん》な結果にはならなかったはずである。

おさしづに、こんなことを言われている。

さあ〳〵大き心に成りたら、さあ〳〵四方が八方になる。

（明治21・10・13）

小さい心では、にっちもさっちもどうにもならん日に及ぶで。

（明治40・3・13）

娘がかわいければ、嫁も同じようにかわいい。こんな大きな心になれば、みんなつながってくる。大きな和ができてくる。しかし、自分だけという心、身びいき身勝手の小さな心では、和が壊れて、結局、自分たちが苦しまなければならなくなるよ、ということである。

中には、とんでもないお嫁さんがいる。

お姑さんが一生懸命にご馳走《ちそう》を作っても、ありがとうの一つも言えない、そんな無愛想なお嫁さんもいる。

あまりにも部屋を片付けないので、見兼ねてちょっと掃除をしたら、えらい剣幕でどなりこんでくる、そんな無干渉主義のお嫁さんもいる。

みんなが食事を終わったころに、ノコノコ起きてくる、そんなお嫁さんもいる。

しかし考えてみれば、そういう娘など、ざらにいるのである。

自分の娘と思えば、腹も立たない。かわいくもある。娘と嫁の差別をしていないか、よくよく反省して、温かい血の通った嫁と姑になっていただきたいと思う。

財産が安心

心澄みきれ極楽や

財産、家屋敷、高級車……、女の人ならダイヤモンドの指輪に、セリーヌやグッチのバッグがお気に入りらしい。

誰《だれ》でも豊かに暮らしたい、多くの財産を持ちたいと思うものである。しかし、そんな財産のある人が、みんな幸せになっていくのかというと、これは全く別問題であることを知りたいと思う。

私の子供のころ、テレビがある家など、ほとんどなかった。力道山《りきどうざん》の活躍するプロレスが盛んであったが、見たくても一般の家庭にテレビはなかった。そこで、近所の家に見せてもらいに行ったものである。

超高級なお屋敷である。廊下はピカピカで、庭では滝のある池に錦鯉《にしきごい》が泳ぎ、グランドピアノや豪華な家具がしっくりと収まっていた。

それから二十年後、その家の娘さんはノイローゼになり、電車に飛び込み自殺をした。そして数年後、人の良い老婦人も家にいられなくなり、どこかに出ていかれた。いったい、あのころの超豪華な生活は何だったのだろうかと、そんな思いが脳裏をかすめるときがある。

人生には浮き沈みがある。いいときもあれば、悪いときもある。財産が有るとか無いとかいっても、たかだか二十年、三十年で、できたり消えたりする。本当に財産が頼りになるのだろうかと思う。

みかぐらうたに、こんなことを言われている。

よくにきりないどろみづや
こゝろすみきれごくらくや
（十下り目　4）

心が澄んでくれば、どんな中でも喜びの心が湧《わ》いてくる。どんな中でも喜べる〝心の徳〟こそ、火にも焼けず、水にも流されない最高の財産ではないかと思う。

報徳《ほうとく》分教会ではいま、詰所でのひのきしん者などを入れると二、三十人の住み込みさんがおられる。教会在住者の服は、大半がバザーで頂いたものである。食事も、朝はパンの耳が常食。昼と夕の食事のおかずも、神様のお下がりや、頂いたもので、買ったものなどほとんどない。

そんな生活のどこがおもしろいのかと思うかもしれないが、結構楽しく暮らさせていただいている。みんな我慢をしているのかというと、そんなこともない。教会にいると不思議と、贅沢《ぜいたく》をしたいとか、いいものを着たいという気持ちが薄らいでくるのである。神様の近くに寝起きさせていただくと、教祖《おやさま》の通られたご苦労の道などを身近に話したり、聞いたりするので、「ありがたい、結構だ」という気持ちになるようである。

「欲に切りない」というが、人間は他の動物と違って、これで満足という際限がない。

自分の住む所が欲しい。アパートが授かると、今度は自分の家が欲しい。家が授かると、もっと広い家が欲しいという。欲には切りがないから困ったものである。

欲が多ければ多いほど、満たされない苛立《いらだ》ちが心を掻《か》きむしる。

欲が少なければ少ないほど、満ち足りた喜びが心いっぱいに広がる。そんなとき、「足ることを知れば心の錦なりけり」との句を思い起こす。「ありがたい、結構だ」と思えるかどうかは、物が多いか少ないかによるように思えるが、決してそうではない。その人の心のもち方によっているのではあるまいか。

もともと、この世に自分のものなど何もない。この世に生まれるとき、神様から身体《からだ》を貸していただいて、出直すとき、返させていただく。身体だけでなく、妻も、子も、親も、みんな親神様からの借りものである。財産も当然、自分のものではない。やがて、すべては貸し主である親神様の元に返させていただくのである。

だから、すべての物にあまり執着などもたず、取り合いなどせず、無邪気に使って、楽しんで返させていただく。そんな心で通らせていただきたいと思う。

徳いっぱいの財産

報徳分教会の世話人である次兄が、月次祭の講話でこんな話をされた。

「誰でも、いろいろなものを持っているが、放すまい、放すまいと思って持つ。そんな持ち方は本当の持ち方ではない。放して持つ。こういう持ち方が本当の持ち方である」

なにげない話であったが、この話はいまも心に残る。

放して持つとは、いったいどういうことか。それは、持つ徳ができれば欲しがらずとも寄ってくるし、授かってくる。失う心配もない。持つ徳がなくなれば、どんなに執着しても、しがみついても手放さなければならなくなるということである。要は、自分に持つだけの資格があるか、持つだけの徳があるか、それが問題だということである。

どんなものでも、見えるものは見えないものに支えられて立っている。超高層ビルには、地下に堅固な基礎工事が施されている。十メートルの木には十メートルの根っこがある。人も同様、魂の徳で立っているのである。

無理やりつかむ、人を傷つけても奪う。そんな手に入れ方は、一番危ない。

土台がないのに、建物だけ大きくしようとするようなものである。土台ができていないのに高い建物ができたら、危ないし、必ず倒れる。

財産ができてきたとたんに、ひどい病気になった。家族に争いが起きてきた。そんなことは世間にはざらにある。それだけの土台ができていないことを、天が知らせているのではあるまいか。

人間の親である神様は、どんなものも与えたくてしょうがないのである。人間の陽気ぐらしを楽しみに、宇宙も創《つく》り、地球も創り、そして見事な大自然さえ創られた万能の神様である。人間の側は、受けられるだけの土台作り、資格作りにこそ、誠心誠意、専念すればいいと思う。

お道の人なら何度も聞かれた話であろうが、教祖は天保《てんぽう》九年（一八三八年）の立教以来五十年間、ひながたの道を通られた。その五十年の半分、二十五年間は、食べ物から着物、はては田地田畑、母家《おもや》まで施され、貧に落ちきる道を歩まれたのである。

特に、嘉永《かえい》六年（一八五三年）に夫善兵衛《ぜんべえ》様が亡くなられて、母家取り壊しのあとの十年間は、食べるに米のない、夏は吊《つ》る蚊帳《かや》もない、冬は暖をとる薪《まき》もない日々を過ごされた。教祖お一人ならともかく、お子様を連れてのご苦労は並大抵ではなかったと拝察させていただくのである。

尽くしきって、しぼりきって、出しきって通られた教祖のひながたの道。そんな中、中山《なかやま》家のあった所には現在、そびえるばかりの三千畳の神殿が建ち、全国から参拝に帰ってくる大勢の信者さんで、誠に賑《にぎ》やかなことである。尽くしきって、しぼりきった中に、自然に与わってきたものは、安心して持っていられる。しっかりした伏せ込み、理づくり、土台の上にできたものだからである。

人を喜ばせた覚えもなく、一生懸命働いた覚えもなく、無理やり取るようにして自分のものにした財産は、持っているだけで悩みごと、困ったことが起きてくるようである。

おふでさきに、こうある。

にんけんの心とゆうハあざのふて
みへたる事をばかりゆうなり
（三　115）

財産、家屋敷など、見えるものはもちろん大切である。しかし、くどいようであるが、それは見えない土台、徳に支えられてこそ、本来の役目を果たすことができる。見えない土台、徳こそ大切なものといえよう。

すべてのものは「放して持つ」。そんな、楽々な気持ちで持てるようになりたいものである。

尽くしただけが自分のもの

ナスが欲しければナスの種を蒔《ま》けばいい。

スイカが欲しければスイカの種を蒔けばいい。

欲しいものの種を蒔けば、やがて蒔いた種どおりの収穫ができてくる。

力が欲しいという、筋肉隆々のプロレスラーや、堂々たる体格の関取。これはすごい。その練習風景をテレビで見たが、プロレスでも相撲《すもう》でも、それは力をしぼりきって、ふらふらになるほどの練習であった。

頭が良くなりたいという大学受験の高校生。これもすごい。食事時間以外、家族の前に顔を見せることもない。テレビも見ない。朝起きてから寝るまで、勉強勉強で知力を出し、知力をしぼる。学校の行き帰りさえ、単語帳や参考書に目を通している。

どんなものでも、しぼって、尽くして、出したものが授かってくる。ならば、財産が欲しければ、どうしたらいいのだろうか。物をしぼり出す。人のために物を尽くす。こんな人が、物に不自由せず、物に恵まれているのではあるまいか。

みかぐらうたの一下り目に、こう説かれている。

三ニ　さんざいこゝろをさだめ
四ッ　よのなか
五ッ　りをふく
六ッ　むしやうにでけまわす

「さんざいこゝろ」とは、一説には散財心——執着心を捨てて物を出す、人に施すという心であるという。そんな中に、ご守護の理がふいてきて、いろいろな物が授かってくる、ということであろう。

物に恵まれている人を見ると、物を大切に使い、自分に対して質素な人が多い。その半面、人を喜ばすこと、人だすけになることには思いきりがいい。

Bさんは、報徳分教会の神殿普請に力いっぱい、おつくしに励んでくださった人であるが、子供のころからの話を聞かせていただくと、なるほど、なるほどと勉強になるのである。

Bさんは、大変財産のある大きなお屋敷の旧家に生まれて育った。味噌《みそ》も醤油《しょうゆ》もお米も、倉の中にいっぱいで、物に困ることなど何一つなかったそうである。ところが、裕福だったためか、お父さんが朝からお酒を飲んで全く働かず、遊ぶばかりの毎日であったという。どれほど恵まれた家でも、働かなければやがて行き詰まる。家財道具、田地田畑など、次々と売らなければならなくなった。

家の物が一つ一つ売り払われていき、だんだんと没落する。とうとう住んでいた家も人手に渡り、間借りの貧しい生活になった。そのころ、お母さんは困りきって、没落のいんねんを自覚してお道に入り、いんねんを切り替えるため神様の御用に励まれるようになった。Bさんは、「子供心に、自分の家に他人が入っていくのが悲しかった。貧乏のどん底で、お父さんのお酒を毎日、一合、二合と酒ビンを持って買いに行くのがつらかった」と語っていた。

やがてBさんは結婚をして、貝を売り歩くようになった。そして、いんねんの怖さを心に刻み、お母さんの信仰を受け継いで、いんねん切り替え・徳積みの道が始まったのである。どんな大変な中でも、神様の御用、神様の御用と、つくし・はこびの道に励まれた。自分の着るもの、食べるものは粗末でも、人さまに、神様にと尽くされた。

以来七十年、商売も貝の行商からお店を構えるようになり、大変繁盛する鮮魚店となった。現在、五人の子供さんたちは、みんな明るく働き者で、それぞれに家を持ち、独立している。

その昔、没落して家財も住む家も売り払った、そんなどん底の苦労の道中があったとは想像もつかないような、いまのB家の人たちである。しかし、その陰には、長年にわたって伏せ込まれた大きな真実があることを忘れてはなるまい。

財産とは、どんなに執着して、かき寄せても、土台である徳がなくなれば、嫌《いや》でも手放さなければならなくなる。また、真実を尽くせば、求めずとも自然に授かってくるものである。そんな財産こそ、安心できる、本物の財産といえるのではないか。

尽くしただけが自分のもの。とにかく知恵も、力も、真実も、そして物もお金も、出して、しぼって、生きた使い方をさせていただきたいものだと思う。

子供が学校好き

勇んだ心、元気な子

子供は風の子という。とにかく親は、子供が元気に明るく育ってほしいと願う。

「行ってきまーす」

「行ってらっしゃーい」

朝の食事を終え、お母さんに見送られて元気に学校へ行く。昔はどこの家庭でも見かける毎朝の行事、当たり前の光景であった。

ところが最近、ちょっと様子が違ってきた。親がいくら起こしても起きずに、いつまでもグズグズして、ぎりぎりの時間まで寝ている。それでも、学校へ行ってくれればまだいい。友達と仲良く遊んでくれれば、もうそれで十分である。それが、なかなか行こうとせず、頑《がん》として動こうとしない。そんな子供が増えてきたようである。

以前、新聞に学校嫌いの小中学生の記事が載っていた。子供の数は、ご承知のように年々減っている。なのに、学校嫌いで年間五十日以上休む生徒は、年々確実に増えている。そして学校関係者は、子供たちの学校離れ現象が拡大していることに、危機感を強めているという。

いわゆる〝不登校〟である。

子供が学校へ行かなくなれば、親は心配である。そんなとき、ただ子供を叱《しか》るだけでは解決にはなるまい。学校へ行かないには、行かないだけの理由がある。だから、理由をよく聞いてやることが大切ではあるまいか。

その理由の多くは、一言でいえば、嫌《いや》なのである。つまらないのである。「甘えるな！」と思われるかもしれないが、本人にとっては、それが大問題なのである。

学校の好きな子供は、だいたいが勇んだ元気な子供である。不登校の子供を見ていると、何もかも面白くないように思える。笑いがない。じっとうつむいて考えているような子供が多い。

勇んだ心といずんだ心。ここに、大きな分かれ目があるのではあるまいか。おふでさきに、こういうおうたがある。

をやのめにかのふたもののハにち〳〵に
だん〳〵心いさむばかりや
（十五　66）

いまの子供は、偏差値教育、学力競争の中で、自分中心になりやすい。また、塾通いの過熱ぶりで、脱落した子供たちは授業が分からず、ひがみやすくもなろう。

学力ももちろん大切である。しかし、心を育てる、思いやりの心を育てる、親神様の思いに適《かな》った心に育てる、そんな中から、子供本来の明るさを取り戻すことが大切なのではあるまいか。

不登校の子供と一緒に、毎朝、ほうきを持って外の掃除をしたことがあった。朝の掃除は実に快いものである。家の中で暗く閉じこもりがちであった子が、だんだんと明るくなって、よく話すようになった。そして、周りにも溶け込み、回復していったのである。

不登校の子供は、親の目から見れば「何でこれぐらいのことができないのか。怠けるのもいい加減にしろ」と思えてくる。しかし、子供にとっては、どうしたらいいか、その解決方法が分からないのである。

心を外に向ける。内向きな心、わがままな心を、人に喜んでいただく心に変える。外に向ければ、きっと行く手に光が見えてこよう。

何でもいいから、親が足並みをそろえて、思いやりの心を教えていただきたいと思う。実践の中から、元気な、明るい勇んだ子供になれば、不登校や学校嫌いなど、自然消滅していってしまうのではあるまいかと思う。

朝起き

もう四十年も前になるが、大学二年のときのことである。全国的に学園紛争が盛んで、「中核だ！　革マルだ！」と、白や赤のヘルメットが大学構内の至る所に見られたことがあった。

私の通っていた大学でも、一人前に机や椅子《いす》のバリケードが築かれ、授業は一、二カ月間も中断された。授業がないので休んでいると、いつの間にか休み癖《ぐせ》という、変な癖がついてしまった。

癖というのは恐ろしいものである。授業が再開されて、ほかの学生はみな学校へ通いだしたのに、全く行く気がしない。何もかも面白くなくて、ほとんど学校へ行かない、そんな日が続いた。

学校の門の前まで行く。しかし、そこから入ることができないのである。勉強をしようと本を開く。二、三ページ読むと、もう嫌で嫌で仕方ない気持ちになってくる。どうにかしなければと焦るのだが、いざとなると全身が拒絶する。そういう状態が一年くらい続いた。だから、勉強が嫌だ、学校が嫌だという子供の気持ちが分かるような気がするのである。

惨《みじ》めな、勇めない日々の中で、次兄から「なんでも困ったら、神様の御用をさせていただいたらいいんだよ」と言われて、ふと浮かんだ神殿掃除を始めさせていただいた。すると、それから不思議と心に勇みが出てきて、楽しく学校へ行かせていただくようになった。

なぜそんなに楽しくなったのかと、いま考えると、いろいろな理由が思い浮かぶ。一つは、当然のことであるが、神様の御用をさせていただいたので、神様がご守護を下さったということであろう。また、もう一つは、朝早くに起きるようになったからだと思う。

不登校について研究されている校長先生が、「学校へ来ない子供は、朝が起きられない。早起き、朝起きが一番大切である」と書いておられた。神殿掃除は、まだ外も暗い早朝五時からさせていただくことになっていた。それまでは、学校へも行かず、毎朝十時ごろまで寝ていたのが、早起きに変わったことが、結果的にはとても良かったのではないかと思う。

朝は一日の中心である。中心を大切にしないと、一日のリズムが狂ってくる。その狂いが、休み癖という形になって現れてきていたのではあるまいか。

最近では、小中学生でも十一時、十二時ごろまで起きている子供が多い。テレビやゲームの影響で、一人ででも起きている。そのために、朝が起きられない子供が増えている。その〝遅起き〟が、激増する不登校の最大の原因になっているようだ。

私の場合、遅起きでほとんど学校へ行かなかった大学二年生のときは、一人暮らしだった。といっても、大教会内の古い事務所の一室に寝泊まりさせていただいていたから、わがまま自由がきいて、遅起きになり、学校へ行かず、ついブラブラということになっていたのである。

小中学生の子供は、だいたい両親と一緒に生活している。一緒ならば、子供が朝、起きられなくなるということは、本来考えられないことである。それがなぜ、朝起きでなくなるのか。それは、家庭そのもののあり方が狂っているからではあるまいか。

両親が夜遅くまでテレビを見ていて、朝がなかなか起きられない。また、遅くまで仕事をしていて朝起きられない。こんなケースが多い。特に、子供と接する時間の多い母親が朝起きでない場合は、子供が不登校になる可能性が当然大きくなろう。

子供が不登校で困っているお寿司屋さんがあった。両親そろって、夜遅くまで仕事がある。仕事が終わって、片付けが済むと午前一時、二時。当然、朝が起きられなくなる。そんな中で、子供の不登校が始まった。子供が学校へ行かなくなると、子供のことが気になって仕事も手につかず、悩みに悩んでおられた。

お母さんの仕事の第一は、子育てである。子供が学校へ行かなくなってしまったら、一生懸命働いて生活が豊かになっても、こんな寂しい、悲しいことはあるまい。

お道では、「朝起き、正直、働き」が、陽気ぐらしの根本と教えられている。

豊かさを求めるあまり、子供を育てる家庭のあり方に狂いはないか、よくよく反省して実践したい。まず、朝起きである。

三人の高校中退者と共に

不登校というと、以前、修養科で一期講師を務めさせていただいたときのことを思い出す。

私のお預かりさせていただいた組の約五十人の修養科生の中に、高校を中退した三人の若者がいた。三カ月間、毎日おぢばでお世話取りをさせていただいたので、いまもその三人の顔や性格が、はっきりと浮かんでくる。

私の見たところ、一人は直情型で、腹を立てやすいタイプ。一人は屈折型で、まともにものを見ようとしないタイプ。一人は虚無型で、すべてがばかばかしく思えるタイプであった。

三人ともまだ十七歳。背丈はあるが、少年のようなあどけなさ、かわいらしさを残した青年であった。

〝直情型〟は、ともかく朝が起きられなかった。そして、最初のころ、持ち前の性分が出て、他の修養科生と大げんかをした。なぜけんかをしたのか聞いてみると、自分にガンをつけたからだという。目が合っただけですぐけんかになるというのだから、単純というか、誠に困ったものである。

しかし、三カ月を終わるころには、お道の心もだいぶ胸に治まり、朝早く起きられるようになった。また、無邪気で明るい顔にもなって、私のところにもよく話をしに来た。友達もたくさんできていったようである。

〝屈折型〟は、本心をなかなか言わず、いつもニタニタしていた。まだ人生の入り口なのに、もうひねてしまったようで、不快感すら感じさせた。日がたつにつれて変わっていったが、二カ月を過ぎたころ、その屈折型が私に、真面目《まじめ》な顔で話しかけてきた。

「先生。親の困る顔を見るのが、僕の喜びだったんですよ」

聞いた私は、そんな悲しい喜びがあるのかと、びっくりした。それから数日後、感話の時間に、その青年が教室の壇上で目にいっぱい涙をためて、こんな話をした。

「私は親不孝ばかりしてきました。これからは素直になって、親孝行をしたいと思います」

思いもよらない言葉に、よくぞ変わってくれたと、喜びが胸いっぱいに広がった。そのときの光景は、いまも感激とともにまぶたに浮かぶ。

〝虚無型〟は、孤独な、ボーッとした青年である。ところが、彼には彼なりの主張があった。

「数学も英語も、一生懸命に勉強しても、ほとんどの人が使っていない。そんな努力は意味がない。世の中は、ばかばかしいことばかりだ」

その青年に、勉強の大切さや生きる意味など、いろいろ話したが、残念ながら心は閉ざしたままだった。ただ、同じ年ごろの仲間に誘われて、神殿の回廊拭《ふ》きや日曜ひのきしんに出るようになったのが、わずかながらも心の成長といえるのかもしれない。

　三カ月間、彼らのお世話取りをさせていただいて思うことは、それぞれが、心に変わった癖や大きな悩みをもっていたということである。不登校、学校中退という外見だけで、あれはだめだ、これはだめだなどといっても意味はない。全く解決にはなるまい。その元を知らねばならない。

　問題は心である。生まれたときから育ってきた家庭環境、また、持ち前の性分というものが大きな原因となっている。だから、一朝一夕にはいかない。だんだんと心のほこりを取って、温かい、素直な心を育てていく。そこが肝心であろう。

　おさしづに、こう教えられている。

　いんねんという、いんねん一つの理は、たんのうより外《ほか》に受け取る理は無い。よう聞き分け。しっかり一つたんのうの理を治めてくれ〳〵。

（明治29・10・4）

　子供が悪いのではない。そういう子供が授かるいんねんを親が自覚する。そんな中に、不足の心がなくなり、解決への道が開けてこよう。

周りの者の温かい思いやりの中で、子供の素直さが育ってくる。遅いようであるが、それが一番の早道なのではあるまいかと思う。

友達と仲良し

独りぼっちの寂しさを越えて

先日、家から離れられないという青年の家へ行かせていただいた。お母さんがしっかりしすぎているためか、お母さんにベッタリなのである。お母さんがいなければ不安で仕方ない。だから、一歩も外へ出られない。

そういう子供は、だいたいが真面目《まじめ》で几帳面《きちょうめん》である。しかし、自立ができていない。お嫁さんをもらう年になっても、お母さん、お母さんである。

身体《からだ》の苦しみもつらいが、心の苦しみはさらに深い。

「自分は人間として失格である。みんなと同じように遊んだり、働いたりできたら、どんなに楽しいだろう。なぜ自分だけが、自立できないのだろうか」

そんな思いが、いつも心に浮かんでこよう。

そんな子供が増えてきているように思う。いわゆる過保護の子供である。

逆に、親がいなくて育つ子も、孤独になりやすい。特に、母親なしで育つ苦労は並大抵ではない。悲しいことがあっても、じっと我慢して泣かない。泣いても同情してくれる人がいないからである。だから強くなる。その強さは理解に苦しむほどである。苦労しているだけに細かい心配りをするが、けんかをしたり、変なところに我《が》を張る人が多い。だから、つい敬遠されがちになる。

原因はいろいろあろうが、家庭に問題がある子供は、特に独りぼっちになりやすいようである。

天と地の間に人間は生きる。同じように、子供は、天である父と大地である母の間に育つ。天は、大きく広い心の父。地は、すべてを育《はぐく》む温かい心の母。そんな両親の間でこそ、健全な、心の豊かな子供が育ってこよう。

天地逆さまという嬶《かかあ》天下、ダメ亭主の家庭。異常気象や大地震という夫婦げんかの派手な家庭。天もなければ地もないという、ほったらかしで放任の家庭。そんな中では、子供も安心して育つことはできまい。この世に天や地がなかったり、天地が荒れ狂ったときのことを考えれば、子供の心情を察することができよう。

子供のころにできた癖《くせ》を、お道の信仰で解決していっている人は少なくない。

母親べッタリで自立できない青年が、教会づとめをすることになった。母親と別れて生活するなど考えられないことであったが、修養科の後、思いきって教会に住み込んだ。

青年は、教会の御用をするようになった。儲《もう》け仕事ではないので、給料はほとんどないが、人だすけの御用をすることによって、だんだん豊かな心になっていった。また、母親も時折、神殿のガラス拭《ふ》きや掃除のひのきしんに来ていた。

以来二十数年、いまは、どこが悪かったのか分からないほど明るく、元気につとめている。本人にとってもお母さんにとっても、自立できなかった当時のことを振り返れば、どんなに嬉《うれ》しいことかと思う。

また、お道では、母親なしで育って辛酸《しんさん》をなめるような苦労の中から、深い信仰心を得て、心豊かに歩んでいる人も多い。多くは、教祖の温かさ、母親のぬくもりをしっかり心に刻んでの信仰である。

「信仰とは、もう一度母の胎内に入って生まれ変わることである」と言ったお道の先輩がおられたが、教祖ひながたの道に、生みの母親像を体感するのであろう。

ある信者さんが言っていた。「教祖殿に来て座ると、『教祖！』と万感迫る思いがする。どんなときでも、教祖のところへ来れば必ずたすけていただける。そんな思いがする」と。

また、別の方はこうも言っていた。「毎月二十六日、午前零時に神殿に行く。ただ一人、教祖にごあいさつに行くのだ」と。

ともに、母親の顔も知らずに育った人である。

人間は、独りぼっちなどということはない。教祖のぬくもりの中に、また、親神様を知る中に、心は広く、大きく、豊かになってくることと思う。

いじめ

「現代の青少年問題で、解決しなければならぬ問題を何か一つ挙げよ」と言われれば、多くの人が〃いじめ〃を指摘するのではあるまいか。

この数年、いじめの問題が、学校でも社会でも大きく取り上げられている。昔もいじめはあった。ガキ大将やいじめっ子がいた。しかしその様子は、現代のいじめとは全く違っていたように思う。

一人の腕白《わんぱく》な子供が、弱い子をいじめるという、お決まりのパターンがあった。いじめられる子供は気の毒であるが、それでもまだ逃げ場があった。それだけ救われていたのである。

現代のいじめは、集団で一人の子供をいじめる。それも長い間、執拗《しつよう》に続く。長いものは一年、二年と続く。だから、逃げ場がない。仲間外れにされ、一人になって逃げまどう者は、いったいどうしたらいいのだろうか。必死に逃げ道を探すが、どうにもならず、結局、自殺へと向かう。

誠に残念な世相である。残酷なことであるとも思う。いったい、どう解決していったらいいのだろうか。

新聞に載っていた、いじめ問題の専門家の話によると、いじめは日本だけの問題ではなく、イギリスなど多くの先進国で、同じように起きているという。解決にはどこでも手を焼いているようで、これといった決め手はないが、その中で参考になるのは、いじめっ子、いじめられっ子の生い立ちである。

どういう子がいじめられる対象になるかというと、その多くは、過保護で自立のできない子供がいじめの標的にされているという。反対にいじめる子供は、両親が離婚した子など、自分の境遇への不満がいじめにつながっている場合が多いという。

やはり家庭が大切である。子供が育つ家庭環境、そして子供の健全な心の育成が問題なのである。

核家族化が進み、両親と子供という当たり前の世帯が、全世帯の三分の一に減ってきた。離婚率も年々上昇し、年間二十五万組を超えるという。いま、家庭が崩壊の危機にさらされている。いじめっ子、いじめられっ子。そんな子供たちだけの問題、また学校だけの問題としてとらえても、根本からの解決にはほど遠いのではあるまいか。

おふでさきに、こんなおうたがある。

せかいぢうとこがあしきやいたみしよ
　神のみちをせてびきしらすに　（二　22）

自分の子供がいじめられたら、これほど悲しいことはあるまい。が、それを通して神様は、何かを教えられているのである。家庭がバラバラ、子供たちがバラバラ。現代は、どうも心のつなぎが切れてきたのではあるまいか。

つなぎは、親神様の十全の守護からいうと、くにさづちのみことのお働きである。くにさづちのみことの泥海の中のお姿は〝かめ〟である。亀は、地を這《は》うようにして歩く。また、頭をつつかれれば、サッと甲羅の中に引っ込める。そんな姿から、低い心、我を張らない心、そういう心を勉強するようにと、神様が教えてくださっているのではないかと思う。

低い心で我を張らない人は、人間関係がスムーズである。高慢の心で自分の主張ばかり通そうとする人は、人間関係がギクシャクしやすい。これは、家庭でも、学校でも、会社でも、外国でも、どこでも当てはまる共通の法則なのである。

現代は、飽食の時代といわれるようになった。超高度の科学技術の進歩は、あらゆる分野で驚くほどの便利さを実現させている。そんな中で、人間のわがまま、おごり心が増長してきているのではあるまいか。

いじめられる子供を抱える親の怒り、心配、悲しみは、想像以上のものがある。いじめっ子を絶対許せないと、学校へ殴《なぐ》りこんでいって逮捕された父親がいた。子供をもつ親なら、誰《だれ》でもその心情が痛いほど分かろう。

しかし、もう一度自分の家庭、夫婦のあり方、心のあり方を冷静に振り返り、反省してみることも大切なのではあるまいか。

低い心、我を張らない心によって、夫婦のつながり、親子のつながり、友達同士のつながりなど、すべてのつながりができてくる。いじめに限らず、ふしを通して少しでも心の勉強をさせていただくようになったら、本来の解決、本物の解決といえよう。

親　心

もう五十年も前になるが、『しいのみ学園』という映画を見たときの感激は、いまも心に残っている。

情景などはほとんど忘れてしまったが、しいのみ学園という、小児マヒの子供のための学校に預けられた少年が、女の先生の温かさにふれて、だんだんと素直さ、明るさを取り戻していくという筋だったと思う。

少年は不幸にも亡くなってしまうが、教室の生徒たちが少年にお別れの手紙を書き、順番に読んでいく場面では、女の先生も、映画を見ていた私も、周りの観客たちも涙が止まらなかった。

後に、しいのみ学園の創立者の話を聞いて、大変なご苦労の中から、深い思いをもって学園をつくられたのだと知った。創立者には、身体の不自由な二人の男のお子さんがおられた。そのお子さんが、身体が不自由なために、みんなからいじめられるようになった。当時、日本には特別な施設もなかった。思い悩んだ末、両親が「自分たちで、いじめのない、どんな子供も安心して過ごせる学校をつくろう！」との思いで始められたのだという。

さすがは親だと思った。親心の限りなさ、慈愛に満ちた温かさを思わせていただいた。親とは誠にありがたいものである。

子供たちが幸せになるためならば、どんな苦労もいとわない。わが子を思う心、また、同じように悲しんでいる子供や親のためにも、何としてもつくりたいという、そんな使命感にも似た情熱をもってつくられた学園だったということである。

おふでさきに、こうある。

しかときけ高山にてもたにそこも
みれば月日のこどもばかりや　（十三　26）
にんけんも一れつこともかハいかろ
神のさんねんこれをもてくれ　（十三　27）

「お道とは何か」との問いに対して、「親神様を通しての人間関係である」と答えた先輩がおられた。

親神様には、どの人もみな、かわいい子供である。上も下もない。誰が悲しんでいても、争いをしても、親である神様は心配なのである。その親神様の思いを知ったとき、一れつきょうだい、互い立て合いたすけ合いという、本来のお道の生き方をするようになるということである。

武者小路実篤《むしゃのこうじさねあつ》は「仲よきことは美しき哉《かな》」と言った。

教祖は、

このさきハせかいぢううハ一れつに
よろづたがいにたすけするなら　（十二 93）
月日にもその心をばうけとりて
どんなたすけもするとをもゑよ　（十二 94）

と教えられている。

この世の中で、いったい何が大切なのか、生きる目的は何なのかを間違うと、いろいろなところに狂いが出てくる。互い立て合いたすけ合いの陽気ぐらし。この人間の生まれた目的を、いつも忘れず、仲良くたすけ合って歩ませていただきたいと思う。

家庭が穏やか

暴力息子、暴力娘を抱えて

先日の新聞に、こんな投稿記事が載っていた。

お年寄りが、電車の中で席を譲られたので座ろうとすると、近くにいた学生が、「このくそババァ、早く死ね！　税金も払わずに。生きていてもむだだ」と叫んだそうである。その後も乗客の前で悪口雑言《あっこうぞうごん》が続いた。あまりにひどい言葉に、そのお年寄りは、刃物を持っていたら自分も何をしていたか分からなかった、と書いていた。

また、その日の午後、家内が武蔵小山《むさしこやま》駅の近くを通ると、駐輪禁止の場所に多くの自転車が止めてあった。取り締まりの人が、自転車のカゴに迷惑駐輪の移動催促ビラを入れていると、自転車を取りにきた若者が、その人につかみかからんばかりの態度で口汚く怒鳴《どな》っていた。自分が悪いのに、ビラを入れられたくらいで、なぜあんなに怒るのかしらと、家内は憤慨《ふんがい》していた。

近ごろは、わがままで、ちょっとしたことに腹を立てる少年や青年が増えてきたように思う。そんな乱暴な青年、少年がいる家庭では、事態はまさに深刻である。

ある家庭で、こんなことがあった。子供が親に向かって、こともあろうに椅子《いす》を放り投げようとしたのである。そこで父親は、毅然《きぜん》たる態度で子供を叱《しか》った。それ以来、子供は静かになったが、家を出ていってしまったという。両親は、もう子供とは一緒に過ごしたくないとキッパリ言っていた。

また、ある暴力娘を抱えた家庭は、普段の日は幸せそのものであった。しかし、娘さんが暴れだすと事態は一変し、両親は食事も喉《のど》を通らないほどであった。そんな中で、父親がこんなことをつぶやいた。「私は、娘が怖い……」と。

いわゆる「家庭内暴力」である。これは、どう考え、どう対処していったらいいのだろうか。

暴力の癖《くせ》・性分というものは、なかなか取れないものである。身近に暴力を振るう夫や子供をもった家族の悩みは、言葉では言い尽くせないほどのものがあろう。

〝はらだち〟の癖。それは心のほこりである。だから、腹立ちはいけない、暴力はいけないなどといっても、ほとんど意味はない。腹を立ててはいけないと分かっていても、心のほこりを取らなければ、どうしても腹が立ってしまうからである。

みかぐらうたに、こう歌われている。

みづとかみとはおなじこと
こゝろのよごれをあらひきる
（五下り目　3）

部屋の埃《ほこり》は、ほうきと雑巾《ぞうきん》があれば、すぐ掃除できる。身体《からだ》についた垢《あか》は、お風呂に入って、石鹼《せっけん》とタオルで洗えばすぐ取れる。ところが心のほこりは、そう簡単には払えない。自分ではなかなか拭《ぬぐ》えない。神様に払っていただかなければ取れないのである。日々のお道の信仰の中で、だんだんと〝はらだち〟のほこりを神様に取っていただく。そこが肝心ということである。

人のことばかりいってはおれない。私自身も、そそっかしい癖、頑固《がんこ》な癖、腹立ちの癖、出し惜しみ・骨惜しみの癖、高慢の癖……、挙げれば切りがないほどの困った癖・性分が、なかなか取れない。どんな中でも明るく屈託のない、どんな重荷の御用も喜んで受けられるような、丸い大きな心の持ち主になりたいものだと思う。

ある入信したての方が、お道の大先輩に「癖・性分を取ることが大切なのですね」と尋ねると、「それが肝心だ。それだけだ。五十年かかるね」と答えられた。

世間では、頭の良い子に育てたい、身体の丈夫な子に育てたい、一流の会社に入ってもらいたいと、そう願う親が多い。しかし、人間の本体は〝心〟である。穏やかな心で家庭が円満、それでこそ幸せではあるまいか。その土台の上に、能力、体力、立場など、もろもろのすべてのものが生きてくる。

まず、心づくり。家庭円満への土台づくりを、第一に考えたいと思う。

心を育てる

教祖は、誰《だれ》もが陽気ぐらしできるようにと、五十年の長い間にわたって、こんなときはこう通ったらいいのですよと、いろいろと通って見せてくださった。また、後世の人にも分かるようにと、口や筆にも残されている。

あるとき、目の前の葡萄《ぶどう》をお手にされて、こう説かれた。

「世界は、この葡萄のようになあ、皆、丸い心で、つながり合《お》うて行くのやで。この道は、先永《なご》う楽しんで通る道や程《ほど》に」

（『稿本天理教教祖伝逸話篇』一三五「皆丸い心で」）

考えてみれば、心には、いろいろな形がある。

三角の心、それは、とがった性格で、自分のことは棚《たな》に上げ、すぐ人の欠点を見つけて批判ばかりしている人の心である。

四角の心、それは、几帳面《きちょうめん》な性格で、重箱の隅をつつくような細かいことを、ああでもない、こうでもないと、うるさく言う人の心である。

丸い心、それは、人にやさしく自分に厳しい人で、その人がいると雰囲気がよくなり、物事が丸く治まるというような人の心である。

葡萄のように丸い心が大切だという。つながり合って、末永く楽しむ心が大切だという。さて、どうしたら丸い心、つながる心に育ってくるのだろうか。

人が育つ。草木が育つ。会社が育つ。すべて、この〝育つ〟という働きは、親神様の十全の守護からすると、をふとのべのみことのお働きである。

をふとのべのみことは、引き出し一切のご守護で、泥海の中のお姿は〝くろぐつな〟と教えていただく。くろぐつなとは黒蛇のことで、引っ張ってもなかなか切れない。また、蛇であるから、地を這《は》うという特性がある。そういうことから、どんなものも育つためには、粘り強い心、低い心が必要といえよう。

みかぐらうたに、こうある。

五ッ　いづれもつきくるならば
六ッ　むほんのねえをきらふ
（二下り目）

困難な中でも、また、心のほこりの積もった人でも、どうでもこうでもと、この道についていったならば、むほんの根——引っかかる心、腹の立つ心が取れてくるということであろう。

低い心、粘り強い心で、神様の御用をさせていただく。その中に神様が、しぶとい心のほこりを払ってくださる、ということである。

お道では、心の成人の道として、にをいがけ、おたすけ、つくし、はこびの、四つの徳積みの道が教えられている。低い心、粘り強い心で、四つの徳積みの道を続けさせていただく。そんな中に、だんだんと丸い心が育ってくる。

報徳分教会の朝は毎日、神殿掃除に始まり、駅前掃除、おつとめ、そして九時からは、にをいがけに出させていただいている。振り返れば、教会へ入ってきた当初の住み込みさんには、人の欠点が目についてしょうがないというような人もあった。ところが、神様の御用を毎日、一年も続けさせていただいていると、ほんの少しずつであるが、心の角が取れてくる。不足の言葉が少なくなり、喜びの言葉が多くなってきたように思う。

にをいがけに出させていただいても、なかなかにをいは掛からない。それでも、毎日にをいがけに出させていただく。つまらない、ばかばかしい、これでどんないいことがあるのかと、そんな思いが心をよぎろう。しかし、そういう中からこそ、だんだんと丸い心が育ってくるのである。

現代は、超高層のビル、乗り心地のいい車、驚くほど便利な電化製品、あふれる食べ物など、実にありがたい時代となった。なんでも簡単に手に入るインスタント時代、使い捨て時代である。そんな中で、お粗末な人間教育がなされてきたようにも思う。

心を育てる。これこそ、家庭が穏やかに治まる楽しみの元である。くろぐつなの姿を思い浮かべながら、低い心、粘り強い心で、一歩一歩地に足をつけて、心の成人の道を歩ませていただきたいと思う。

一家そろって講社祭

Y集談所では毎月二十二日、夫婦と子供三人が必ずそろって、講社祭をさせていただいている。ご主人の仕事が終わった夜七時ごろから始まるのだが、家族みんなで勤めさせていただくおつとめは、とても賑《にぎ》やかで明るい。

末娘は、まだ小学校二年生。おつとめ後のお話になると「まだこれからお話？」とすねるが、上の二人のお兄ちゃんは、よく聞いてくれる。小さいときから神様に親しむことで、両親の心がそのまま子供たちにうつるのであろうが、末はとても楽しみである。

いつも神様を中心に一家全員が集まる。そんな家庭の、家族団欒《だんらん》の睦《むつ》まじさは言うまでもない。家庭が穏やかに治まっているのは、家庭に中心があるからなのである。

混乱している家庭をみると、どうも中心がない。夫婦がバラバラ、親子がバラバラ。守るべきもの、立てるべきものがない。だから、お互いにわがままになって、治まりのないチグハグな家庭になってしまう。

親が中心になるのもいい。よほどできた親が中心になれば治まる。しかし、なかなかそうもいかない。そこで、神様を中心として家族が集まれば、すべての家庭に明るさ、睦まじさ、無邪気な楽しさがやってこよう。

もう何年も前になるが、『天理時報』に、五十人近くの一家がバスでおぢば帰りをされた記事があった。老夫婦を中心として、子供、孫、曾孫《ひまご》までが参加して、和気あいあいの楽しそうな記念写真も載っていた。

年をとったら子や孫に囲まれて、おじいちゃん、おばあちゃんと親しまれる。子供たち、孫たち、曾孫たちもみんな仲がいい。これほどの楽しみは、そうざらにはあるまい。その老夫婦は、何ごとも神様中心で、近くの教会へ日参されているとのことであった。

おさしづに、こうある。

この道は、常々に真実の神様や、教祖や、と言うて、常々の心神のさしづを堅くに守る事ならば、一里行けば一里、二里行けば二里、又《また》三里行けば三里、又十里行けば十里、辺所《へんしょ》へ出て、不意に一人で難儀はさゝぬぞえ。後とも知れず先とも知れず、天より神がしっかりと踏ん張りてやる程に。　（明治20・4・3　補遺）

いつも神様中心。朝に夕に、おつとめをさせていただく。また、講社祭には家族そろって、おつとめをさせていただく。そんな人は、いくら年をとっても、孤独で寂しいという晩年には決してなるまい。

家庭がぐらぐらしている、荒れている。これでは、いくら大会社の社長でも、御殿のような家に住んでいても、本物の幸せとはいえまい。

家庭の治まりには何が大切か。くどいようであるが、それは中心である。しっかりした親である。また、さかのぼれば人間を創造した神様ということである。

お道の信仰者は、神様に喜んでいただきたい、教祖に喜んでいただきたいと、欲も得もなくつとめられる人が多い。自分のことを願うより、感謝の心、報恩の心で、御用、御用とつとめられている。しかし、実はその中に、知らず知らずに自分自身や家族が守られ、生かされているということであろう。

悪癖なし

癖、性分を取りなされや

「教祖は、入信後間もない梅谷四郎兵衛《うめたにしろべえ》に、『やさしい心になりなされや。人を救《たす》けなされや。癖《くせ》、性分を取りなされや』と、お諭し下された」

（『稿本天理教教祖伝逸話篇』一二三「人がめどか」）

後の船場《せんば》大教会初代・梅谷四郎兵衛先生は左官の職人で、一本気な努力家であったが、半面、短気なところがあった。お屋敷で普請の壁塗りひのきしんをされているときに、「大阪の食い詰め左官が、大和三界《やまとさんがい》まで仕事に来て」という陰口を聞いて、腹立ちまぎれに飛び出そうとした。そのときの、教祖からのお言葉である。

「無くて七癖」というが、いろいろな癖がある。おっちょこちょいの癖、心配性の癖、頭を掻《か》く癖、眼鏡をいじる癖……、こういう癖は人柄がにじみ出ていて、お愛嬌《あいきょう》の部類に入るものであろう。しかし、この癖だけは何としても困るという、そんな悪い癖もある。

困った遊び人を指して「飲む、打つ、買うの三拍子そろった」という。酒に溺《おぼ》れる癖、ギャンブルの癖、色情の癖。何といっても、これらが悪い癖のチャンピオンであろう。本人もこの癖で苦労するが、周りの家族の苦労は並大抵ではない。

アルコール依存症の男性が、こんなことをつぶやいた。

「私はタコだ。自分の足を自分で食べている。だんだん惨《みじ》めになっていくが、どうしようもない。親に見はなされ、兄弟からも相手にされず、とうとう独りぼっちになってしまった」と。

悪いと分かっていてもやめられない。何としてもやめられない。こういうやめられない癖が怖い。

心理学に「嗜癖《しへき》行動」という言葉がある。面白くない、ムシャクシャする、居たたまれないというようなとき、やりきれない気持ちを発散する。そのときの、やめるにやめられぬ困った癖をいうのだそうである。過食癖、盗癖、放火癖、ギャンブル癖、買い物癖、アルコール癖……、挙げれば切りがない。ムシャクシャしたら、必要のないものまで買ってくる。パチンコをしなければ、イライラする。そんな人は、立派な嗜癖行動の持ち主といえよう。

何が問題なのか。元をたどっていけば、イライラする心、ムシャクシャする心、それが問題なのである。癖・性分は、前生の錆《さび》、持ち越しのいんねんと聞かせていただくが、この癖・性分を直すのは、並大抵ではない。

そこで、おふでさきにはこうある。

わかるよふむねのうちよりしやんせよ
人たすけたらわがみたすかる　（三　47）

ご飯を食べられない人がお米をお供えして、皆さんに食べていただく。お酒をやめられない人がお酒をお供えして、皆さんに飲んでいただく。お供えして、人に喜んでいただく中から、ご守護を頂いていった人は多い。

また、アルコールいんねんの人には、アルコールいんねんの人が寄ってくる。色情いんねんの人には、色情いんねんの人が寄ってくる。ギャンブルいんねんの人には、ギャンブルいんねんの人が寄ってくる。自分と同じいんねんの人が、不思議に近くに寄ってくる。その寄ってきた同じいんねんの人を、おたすけさせていただくのである。

「いんねん寄せて守護する」とは、同じいんねんで寄ってきた人のおたすけから、自分の癖・性分を取っていただき、いんねんを切り替えていただくということであろう。

教祖が梅谷先生に諭された「やさしい心になりなされや。人を救けなされや。癖、性分を取りなされや」というお言葉は、三つの目標があるように思えるが、よくよく考えると、それは一つのことではあるまいか。やさしい心の中に、人だすけができる。人だすけをする中に、癖・性分が取れてくる。そういうことである。

癖・性分を取るのは本当に難しい。だから、温かい、やさしい心で、おたすけをさせていただくのである。そんな中に、自分の運命を狂わせる癖・性分が取れてくる。そのたすかっていく道筋が述べられているように思われる。

癖・性分は中心を失った姿

家庭の中心は親である。親孝行の人は素直で、癖・性分の少ない人が多い。一日の中心は朝である。早起きの人は快活で、癖・性分の少ない人が多い。生活の中心は働きである。よく働く人は身が軽く、癖・性分の少ない人が多い。

どうも、中心を大切にする人は、素直で、明るく、陽気な人が多いように思う。反対に、親不孝、遅起き、怠け者、こんな人は、つまらぬことにすぐ引っかかる。そして、困ったことは人のせいにして、よく争いごとを起こす。

中心を守らない人、自分中心な人は、なにしろ気ままで、わがままである。そのわがままが重なると、それが癖・性分となって、なかなか取れなくなってくるのである。

おさしづに、こうある。

勝手の道通りていいんねんという。（明治24・5・10）

わがまま勝手な通り方をしていると、その場は通れるが、あとでどうにもならないようになる。いわゆるいんねん心ができて、困ったこと、行き詰まるようなことが、次々と起きてくるということである。

ともかく人間は、まず自分中心のわがままを捨てることである。そんな中に、何が大切かが分かってくる。そして、中心を守る中に、すべてが治まってくるということである。

お道ではよく、家庭が治まらない人は日参をしなさい、といわれる。なぜ日参をさせていただくのか。その理由はいろいろあろうが、自分中心のわがままを取る、また引っかかる癖・性分を取ることで、家庭も、会社も、お店も、すべて治まってくるということである。

私も、大教会へ日参させていただいて三十年になる。道一条であるから当然といえば当然なのだが、雨の日も、風の日も、しんどい日も、時間がない日も、とにかく運ばせていただいた。おかげさまで、徳の薄い、癖・性分の強い私でも、行き詰まるところも行き詰まらずに通らせていただいている。家庭も、教会も、もったいないほど治まっている。これは誠にありがたいことだと思う。

葉がきれい、花がきれい、実りが嬉《うれ》しい。確かにそうである。しかし、葉や花や実を支えている根が切れたら、すべてが衰退し、枯れてくる。

人間の中心は〝心〟である。その中心である心が狂えば、どうしようもない。そんなときは、訳が分からずとも、親孝行、朝起き・正直・働き等々の、中心を守る生き方、実践に力を入れたい。

宇宙の中心である神様に心を向ける。神様のところに足を運ぶ。そんな中で、穏やかな心、丸い心、温かい心、思いやりのある心を育てていきたいと思う。

癖は、毒にも薬にも

癖・性分を取って、丸くやさしい心になる。綿の上から真綿でくるんだような、そんな柔らかい、温かい心になれば最高である。言うことはない。

しかし、前生、前々生からの持ち越しの癖・性分は、なかなかそうもいかない。そんな場合は、癖が取れるまでの次善の策として、心の向きを良いほうに向ける、癖を良いほうに向けるという、そんな生き方もある。

例えば、我《が》の強い人や腹立ちの多い人の中には、突っ張り方の間違いで、骨や関節を患う人が多い。ところが、こういう突っ張りの性分の人が、腹を立てることから理を立てることへと向きを変えると、誠に楽しみである。

突っ張りの性分の人がお道に心を向けると、理に突っ張り、御用をどんどんこなすようになる。すると、骨や関節の病気もご守護いただくが、もっと素晴らしいことは、陽気ぐらしのリーダーとなって活躍をするようになるのである。

かの有名な天浦《あまうら》分教会の木下寿美子《きのしたすみこ》先生は、男勝りで、気骨のある、やり手の先生であった。お母様がリウマチで、ご自身もそういういんねんを自覚し、大いに繁盛していた美容室をやめて道一条になられた。

日本橋大教会にもお話に来られたことがあったが、そのときも、三、四人のお供を連れ、その風格は誠に見事なものであった。九十歳を過ぎても現役でバリバリ活躍され、私の姉は、先生のことを布教師の理想像として尊敬していた。

突っ張りの性分も、理に沿えば大いに魅力的であり、大いに役立つ。優しさ、丸さ、柔らかさだけが人の値打ち、魅力ではないといえよう。

また、いまはがんが恐ろしい病気の代表になっているが、昔は肺結核が一番恐ろしい病気で、若い人が喀血《かっけつ》して次々と亡くなっていった。肺結核の人には、頭がよく、人の欠点を見事に見つける人が多い。そのうえ、口達者で毒舌家、皮肉屋が多い。言葉で人を言い負かすのは得意中の得意である。

頭がよくて弁舌が達者という癖は、悪いほうに使えば、これほどやっかいな困った癖はない。しかし、良いほうへ使えば、これほど素晴らしい道具もない。

お道の中に、肺結核からたすかって、講演で大活躍をされている先生は大変多い。これは、人の欠点をつつく癖が、雄弁で人を勇ませるほうに変わった人といえよう。

「成ってくるのが天の理」と教えられている。どんな癖・性分も、自分が蒔《ま》いた種とはいえ、神様からのお与えである。

毒は薬にもなるという。癖・性分は、生かし方によって大いに生きてこよう。

色情いんねんの人は、元気者が多いから、おつくしに頑張るようになる。ギャンブルいんねんの人には、思いきりのよさで大いに活躍した先輩も多い。それぞれの癖・性分が良いほうに向けば、それは誠に楽しみなのである。

何代も生まれ替わりを重ねてできてきた性分は、とても簡単には取りきれない。ならば、心を神様に向け、自分に与えられた癖・性分を生かすことである。そんな中から、やがて何にも引っかからない、どんな中でも喜べる、大きな心、丸い心、優しい心が育ってくるのを楽しみに、歩ませていただきたいと思う。

第二章

働く幸せ

適職に就く

職業はご恩報じの窓口

子供のころ、日本橋《にほんばし》大教会の前の坂を下りて大通りを渡ると、そこに「好《ハオ》好《ハオ》」というラーメン屋があった。もう四、五十年も前のことであるが、兄に連れていかれて食べたその店のタンメンの味は、いまも忘れられない。

そこは街角の、夫婦二人で営む小さなラーメン屋で、六、七人が入ればもういっぱいであった。そのころ、知っている人は誰《だれ》もが美味《おい》しい店だと言っていた。まだ、現代のようなグルメ料理など無縁であったせいもあろうが、連れていってもらったときの味は、まさに絶品であった。そこは、小さな小さな店であったが、子供心に、こんな職業は楽しかろうと思った。

さて、職業にもいろいろある。こんな将来性のない仕事で、はたして大丈夫なのだろうかと、不安を抱えて仕事をしている人もある。いまの仕事が自分の人生を懸けるに足る仕事であるかどうか、これが自分に適した仕事であるかどうか、そんな悩みをもっている人は案外多い。自分に適した仕事とは、どんな職業なのだろうか。

大学時代の親友が、一流会社に入社後、深く悩んでいたことがあった。なぜ、一流会社に入っても悩んでいたのか。

それは、給料は良いが、自分のやっていることが本当に人の幸せにつながっているのだろうかという悩みであった。彼は証券会社のセールスマンで、お客さんが株の暴落で悲惨《ひさん》な目に遭《あ》っていた。その気の毒な様子を見て、自分の職業に深い疑問をもったのである。

「人の幸せにつながらないような仕事は、自分には合わない」と言って、間もなくやめてしまった。

教祖《おやさま》は、こう言われている。

「働くというのは、はたはたの者を楽にするから、はたらく（註、側楽・ハタラク）と言うのや」

（『稿本天理教教祖伝逸話篇』一九七「働く手は」）

仕事は、人に喜びを与えなければ何の価値もあるまい。働いてどんなに給料をもらったとしても、やりがいも感じられまい。どんな小さな仕事でも、それが人の幸せにつながるならば、素晴らしい仕事といえるのではあるまいか。

いったい、職業とはなんだろうか。お道の先輩が、職業についてこんなことを言われた。

「ご恩報じの窓口、それが職業なのだ」と。

生きていくには、たくさんの人のお世話にならなければならない。考えてみれば、衣・食・住のどれをとってみても、みな他人のお世話になることばかりである。そのご恩報じの窓口だという。

お金を稼《かせ》ぐことが目的なのではない。ご恩を返すことが目的だという。欲の心が元ではない。感謝の心が元となっている。

なんと謙虚な、なんと心温まる発想であろうか。そのように発想が変われば、給料の額や店の大きさに対する不満など、消えてこよう。

できればそんな中から、どんな仕事でも誇りをもち、いまの仕事が自分に最適の仕事と思えるところにまでなりたいと思う。また、ご恩報じの明るい心で通れば、たとえ将来性のない仕事でも、必ず道が開かれてくると思うのである。

神がそれぞれ見分けする

誰でも、一つぐらいは取りえがあるものである。

身体《からだ》が丈夫、頭がいい、手先が器用、人付き合いがいい、一人でコツコツするのが得意……。挙げれば切りがないが、どんな人にも特長、得意なことがある。それを生かすことだと思う。

神様が人間を創造されるとき、泥海の中の生き物を食べて、その心根《こころね》を味わって、つなぐ道具、切る道具、突っ張る道具、循環の道具等々、いろいろの道具とされた。そのことを考えても、適材適所――ちょうどよい人材が、ちょうどよい所で働くことの大切さを思う。

さて、分かったようなことを書いているが、現実はそれほど単純ではない。それは、自分が能力的に、性格的に、何に適しているかを最初から分かっている人は、ほとんどいないからである。

世界的な物理学者のパスカルは、「職業は、まさに偶然に決まる」というようなことを言った。偶然とは誠に無責任であるが、あの有名なパスカルでさえ、自分の仕事が偶然に決まってきたと言うところに、職業選択の困難さを感じる。

それではいったい、自分はどんな仕事に向いているか。

おふでさきに、こうある。

めへ〳〵にハがみしやんハいらんもの
神がそれ〳〵みわけするぞや　（五　4）

自分の適職が何かということは、自分にも分からなければ、周りの人にも分からない。学校で勉強をしているうちに、会社で仕事をしているうちに、だんだんと何に向いているかが見えてくる。また、決まってくるということではあるまいか。

日本橋大教会では、いろいろな役目がいろいろな人に割り振られている。見渡してみると、法律関係の得意な人、祭事関係の得意な人、布教の得意な人、金銭帳簿が得意な人、文章を書くのが得意な人、字を書くのが得意な人、料理を作るのが得意な人など、それぞれが、不思議なほどに自分の得意な分野で活躍している。

しかし、それぞれが最初から得意だったのかというと、決してそうではない。一生懸命仕事をしているうちに、何となく決まってきたのである。

日本地図で有名な伊能忠敬《いのうただたか》は、酒造業などの家業を五十歳で子に譲り、五十五歳から全く畑違いの、地図作製という大仕事にかかった。当時、蝦夷《えぞ》といわれた未開の北海道まで行き、以来十八年をかけて、歴史に名を残すような偉業を成し遂げた。

お道でいえば、一代で大教会をつくられた柏木庫治《かしわぎくらじ》先生は、繁盛している材木商の主人であったが、ご子息がお道でたすかったことから入信し、三十九歳から単独布教を始められ、天理教の歴史に名を残す輝かしい働きをなされた。

これらは、どういうことを意味しているのか。

何が自分に適しているかなど、初めから分かるものではないということである。ただ精いっぱい生きているうちに、人生の半ばになって、自分に合った仕事が見つかった、ということである。

「銘々に、わが身思案はいらんもの」というが、わが身思案で自分のことばかり考えている人は、いい仕事になかなか巡り合わないものである。どんな中でも精いっぱい頑張れば、神様が、必ず自分に合った職を見分けて与えてくださる。「神がそれぞれ見分けするぞや」とは、そういうことである。

先々を楽しんで、お言葉を胸に、まず、いまの勉強、いまの御用、いまの仕事に打ち込んでつとめさせていただきたいと思う。

親と似た仕事

人間には、向き不向きというものがある。しかし、自分のこととなると分からないものである。そこで、あえて言うならば、それを選ぶ一つの基準は、親の職業であろう。

おさしづに、こうある。

古き道があるから新しい道がある。古き道はをや、新しい道は子という。

……だん〳〵固めたる道、新しき道は、何時山崩《なんどきやまぐえ》するやらこれ知れん。

古き理がこれ第一という。（明治22・10・9）

これは、信仰の道についての話であるが、職業の道にも、そのまま当てはまることではないかと思う。

政治家でも、二世の議員で活躍している人は多い。タレントでも、二世のタレントが大活躍している。子供のころから親の仕事を見て、親を慕っている子は、大きくなったら親のように活躍したいと思うのは当然であろう。しかし、もっと根にあるのは、親と子は深い縁によってつながっているということである。

不思議なことであるが、私は、木や草の名前はなかなか覚えないが、魚の名前はよく覚える。大教会で青年づとめをさせていただいていたとき、魚河岸《うおがし》へ買い出しに行くのがとても楽しみであった。どうしてだろうかと思ったが、道一条になる前の祖先が魚河岸の仕事をしていたと聞いて、納得したことがあった。

四代前からお道の御用をさせていただいているが、気がついたら自分もお

きる。考えてみれば、これほどの幸せはないのかもしれない。

ちょっと見渡してみても、多くの人が親の仕事を引き継いでいる。一番の親孝行は、子が親を越えることという。子供がすくすくと育って親より大きくなれば、親はニコニコと嬉《うれ》しい。仕事でも、そうではあるまいか。

親のつけた道を子供が発展させる。時代の急激な変化に合わせ、時代の要求に応《こた》えて、苦心工夫をする。そこに、やりがい、生きがい、努力のしがいというものが生まれてくると思う。

親ならば、こんなことに気をつけたい。親がいやいや仕事をしていれば、子供にその心がうつる。そんな親の子は、仕事での成功はあまり望めまい。

生活のために仕事はするが、転々として定まらないでいると、子供も将来、どんな仕事をしたらいいのか分からないから、迷い、悩む。親ならば、自分の仕事に生きがい、やりがいをもって、勇んで、喜んで歩ませていただきたい。それは、自分自身のためというより、よくよく考えてみれば、自分の後を歩む子供や孫のためなのである。

いまの仕事は時代遅れで、発展の見込みがない。自分に向いてない、面白くないなどと、いろいろ考えるものである。

そんな中で、親と違った仕事を見つけられた人は、それも大変結構だと思う。しかし、訳が分からなくなったとき、悩みが浮かんできたとき、また迷ったときは、親と全く違った仕事をするよりも、親の仕事を発展させてはどうだろうか。時代の要求に合ったように発展させる。そんな努力が、一番実りあるものになるのではないかと思うのである。

対人関係が良い

低い、優しい、素直な心

　昔と比べて、いまは誠に幸せな時代になってきた。

　第一に、食べ物がよくなった。昔は、お刺し身や肉など、祝い事か、お客様が来たとき以外には、なかなか口に入らなかったものである。それがいまは、普段の日でも食べられるようになった。

　着るものも、選《え》り好みしなければ、バザーで何でも間に合うほど豊かになった。住む家も、ほとんどの家にクーラーが付いた。冷蔵庫、洗濯機、最近はパソコンや携帯電話なども当たり前になった。そのほか、挙げれば切りがないほど、便利なものが家庭にあふれている。

　医療も然《しか》り、福祉も然り。考えてみれば、実にありがたい時代になってきた。

しかし……、人間関係だけは、どうもうまくないようである。

ひと昔前、家庭がだんだん小さくなり、核家族化しているといわれた。ところがいまは、家庭が危ないといわれている。

最近の統計では、三十代から四十代の男性の半数は、家庭をもたずに一人でいるという。結婚しないか、離婚しているのである。四十歳といえばもう中年、家庭をもっていて当然の年齢である。ところが、半数が独身。当たり前が、まったく当たり前でなくなった。世の中の急激な変化に、多くの人は戸惑《とまど》っているのではないかと思う。

家庭といえば、安らぎの場である。温かい人間関係の生まれるところである。その家庭が危ないということは、人間関係そのものが問題になってきているということではあるまいか。

現代は、物で栄え、心で滅びる時代といわれる。いったい、どんな心が必要で、どう対処すればいいのだろうか。

人間関係は、人と人とのつなぎである。つなぎは、親神様の十全の守護からするとくにさづちのみことのお働きで、泥海の中でのお姿は〝かめ〟である。

亀は、地を這《は》うように、ゆっくり歩く。頭をつつくと、すぐ引っ込める。そんな姿から、低い心、地道に歩む心、我《が》を張らない心が肝心だと思う。みんなから好かれているという人は、ほとんどそういう性格の人である。

誰《だれ》からも相手にされない、そんな気の毒な人は、亀の心と反対に、我と高慢が強く、見栄《みえ》っぱりである。なにしろ、言われたことをせずに、自分の主張だけはしっかりする。昔々の忘れたころの自慢話を偉そうにするくせに、準備や後片付けなど、裏のコツコツとやる仕事は大嫌いなのである。そして独りぼっちになり、お呼びもかからないと、上の指導者や周りの者は見る目がないと憤慨《ふんがい》する。反省がないということは、本当に困ったことである。

なぜ、人とのつなぎが切れてくるのか、よくよく自分の心を振り返ってみたい。

低い、優しい、素直な心。亀の心、つなぎの心を忘れずに通らせていただきたいと思う。

どんな人にも親がある

家内は、子供によく注意をしていた。

早く起きなさい！

着るものは清潔にしなさい！

部屋を片付けなさい！

勉強をしなさい！

母親は、何といっても子供の成長が生きがいである。だから、細かいところに心を配って育てる。

私は、注意したり、叱《しか》ったりしたことがあまりない。しかし、時には叱ることもあった。それはだいたい、子供がけんかしたときである。親になって何が残念か、何が悲しいかというと、それは子供同士が大げんかをしたときである。子供には、そんな親の心が分からない。だから、けんかをして叱られても、なぜそんなに叱られなければならないのかが分からない。

子供のころ、仲間外れにされて泣いている子がいた。母親が、その子供を見つけて飛んできた。そして、子供を抱いて悲しそうな顔をして、一生懸命なだめていた。そのすぐあと、母親は家に入ると、お菓子をいっぱい持って出てきた。そして、いじめていた子供たちみんなに配りながら「一緒に遊んでね」と、一人一人にお願いしていた。その様子に、泣いている子供も悲しいだろうが、母親のほうがもっと悲しいんだと思ったことがあった。

明治維新の思想的指導者として活躍した吉田松陰《よしだしょういん》は、打ち首になる前に、獄中でこんな歌を詠《よ》んだ。

親思う心に勝る親心　今日の訪れ何と聞くらん

自分としては、世のためにやったことで悔いはない。しかし、自分を生んで育ててくれた親は、言葉に尽くせぬほど悲しいだろう。その深い深い親の心を、先立つお詫《わ》びを込めて詠んだのであろう。

お道の大先輩は、こう言われた。

「お道とは、親を中心とした人間関係である」と。

短いが、実に含蓄のある言葉である。どんな人にも親がある。その親の心を思ったときに、どんな人にも温かい思いやりの心が湧《わ》いてきて、陽気ぐらしができるようになるということである。

その大先輩の奥様は、多くの人のお世話取りをされた。誰もが戦後の焼け野原からの出発で、身寄りのない人や、気性の荒い人も多かった。そんな中で、その奥様は、「どの人も、みんな親神様の子供ですからね」と、思いを語られていた。

人間の親は、親神様。困っている人も容易ではなかろうが、悲しんでいるのは、むしろ親である親神様である。そんな親神様のお心を思ううえからの、広く、大きな、温かい親心こそが、おたすけの原動力となったのである。

その奥様が九十歳で出直されたとき、育てられ、たすけられた人たちは、棺《ひつぎ》の前でみな泣いた。厳しく仕込まれた人も、みな泣いた。それは、奥様の心の底に、親の心を知るぬくもりがあったからであろう。

おふでさきに、こうある。

にんけんもこ共かわいであろをがな

それをふもをてしやんしてくれ　（十四　34）

人間は、一人で生きているようにみえるが、決してそうではない。繰り返しになるが、どんな人にも親がある。その親の心を知ったときこそ、人間関係に一番大切な、温かい心、思いやりのある心が湧いてくるのではあるまいか。

対人恐怖症

修養科で一期講師の御用をさせていただいたときのことである。受け持ちの組の修養科生が、職員室の私のところに、こんな相談に来られた。

「私は、人と会って話をするのがつらいのです。人と話をしていると、何が何だか分からなくなって、頭の中が真っ白になってしまうのです。どうしたらいいでしょうか」と。

四十代半ばの男性であったが、世の中にはいろいろな悩みがあるものである。しかし、本人は真剣そのものであった。そして、こんなことを話された。

「こうなったのは、私の生い立ちに原因があると思います。母親に連れられて、親戚《しんせき》の家を転々として生活をしてきました。そのせいか、私はいつも人の顔色ばかりを気にして、オドオドして育ってきましたから、こんな性格になったのだと思います」

聞けば聞くほど気の毒に感じたが、人の生い立ちというものが、いかに大切であるかも思わせていただいた。

彼は、修養科の三カ月でかなり明るくなった。「低い心が人とのつなぎに大切」というお道の教えから、掃除や回廊拭《ふ》きのひのきしんをよくされていた。また、「人をたすけて、わが身たすかる」という教えから、自分のことばかりでなく、人の幸せにも心を向けるようになった。実践の中で少しずつ変わっていったのである。

修養科を了《お》えて間もないころ、彼から電話があった。一回目は、働き口がありませんという残念な内容であったが、二回目は、いま働いていますという喜びの電話であった。

いまごろ、どうしているだろうかと思う。神様にしっかりつながって、心に治めた言葉を守って通れば必ず通れよう。心が元に戻れば、頭の中が真っ白になって、働くどころか、また人と話もできなくなって困っていることであろう。

対人関係の悩みというものは、一朝一夕にできたものではない。子供のころから、長い年月をかけてだんだんとできてきたものが多い。だから、心を定めて少しずつ改善していく気持ちが大切だと思う。

話は変わるが、ちょっとした心配りでできる〝対人関係改善法〟を聞いたことがある。『陽気ぐらしで行こう！』などの著書や、ユーモアたっぷりの話で全教的に活躍された高橋定嗣《たかはしさだつぐ》先生からである。

先生いわく、「私は子供のころから陰気だった。背が低くて、鼻も低い。自分の容姿に自信がもてないことも、明るくなれない原因であった」と。

そんな中で、どうされたかというと、自分の欠点をさらけ出す勉強をしたという。

「おまえは背が低くて鼻ペチャだと、人は思っている」と考えると、それだけで人前に出たくなくなる。そこで考えた末、自分のほうから思いきって「私は背が小さくて鼻が低くて……」と言い出してみた。すると、「それほどでもないよ」とか、「なかなか感じのいい鼻だ」とか、同情の言葉が出てきて、自分の心のわだかまりが一瞬取れたという。

それ以来、何度も繰り返して自分の欠点をさらけ出しているうちに、ほとんど気にならなくなった。そして、大勢の聴衆を笑わせながら、大切な心の勉強の、話の種にされているということであった。

対人恐怖症、自閉症、赤面症、口下手《くちべた》、人酔いなど、対人関係では、いろいろの悩みがある。それは、自分を実際より良く見せたい、欠点を知られたくないという、そんな気づかない高慢さが、心のどこかに隠れているのではあるまいか。

表面を良く見せようとすると、堅くなる。窮屈になり、安心ができなくなる。だから、そんなことはさらさら必要ないと思う。あるがままを見ていただいたらいいのである。背伸びすることもない。そういうことに気を使うより、一人になったときの通り方、人のいないときの過ごし方こそ大切といえよう。

低い心で、陰徳を積む。そんな中に、明るく、無邪気で、陽気な、そしてこだわりのない人間関係を築いていきたいと思う。

仕事に恵まれる

日本は最も恵まれている

少し前まで、長期にわたる不況のせいか、働き口がないという人によく会った。

そのころの大学卒の就職難は「就職氷河期」と呼ばれたが、いまは何といっても高齢者の就職が難しい。求人の条件として、四十五歳まで、五十歳までなどと制限がつくからである。

「食べ物は質素でもいい。しかし、家賃は払わなければならない。仕事がないので、もう何カ月も家賃をためている」

「仕事がないので家のローンの支払いが思うようにできず、将来が不安だ」

こんな深刻な悩みをかかえている人は多い。

大企業で働く人はまだいい。ただでさえ厳しい下請けの零細企業に、不況のしわよせが重くのしかかってくる。秋の寒さに枯れ葉が舞い、これからもっと冷たい冬が来るのかと思うと、身も心もすくんでしまうという人も多いのではないかと思う。

そういうときは、目を大きく世界に向けて、まだまだ大変な中を歩んでいる人もあることを知っておきたいと思う。

次兄が、インド布教の研修隊から帰ってきたときに聞いた話には驚いた。布教のために町を歩いていると、あちこちから「靴を磨かせて！」と、まだあどけない、やせた子供たちが何人も追いかけてきたという。

日本ではとても考えられないことである。なぜ、そこまでして子供が働こうとするのか。それは、親に仕事がないから、生活に困って食べていけないのである。そこで、子供らが、手軽にできる靴磨きをして、少しでもお金をもらって生活の足しにしようとしているのである。

ブラジルでは、さらにひどい。ストリート・チルドレンという、親から離れて浮浪生活をしている子供たちがいる。ブラジルは貧富の差が激しく、治安も悪い。そんな国情から、弾き出された底辺の生活者の子供が路上にあふれている。

その子供たちが、生きていくために、町の商店で盗みをする。貧しさゆえの浮浪の子供たち。盗みでもしなければ生きていけない子供たち。世界には、そんな国がある。

インド、ブラジルだけではない。いま、世界では約十億人が飢えに苦しんでいるという。日本では就職難といわれて久しいが、状況がまるでちがう。求人広告はどこにでも出ている。選《え》り好みさえしなければ、どうにか見つかるのではあるまいか。

次女と次男が高校生のとき、夏休みに、アルバイトをしたいといってすぐに探してきた。次女は、近くの病院の食事係。朝から晩まで、野菜刻みの仕事である。次男は、大きなビルの蛍光灯や電球の取り替え作業の仕事である。ちょっとした休みにアルバイトができるとは、ありがたいことである。

外国人が、日本に次々とやって来る。ひと昔前と比べたら、誰《だれ》もが、外国人が増えてきたと感じていることと思う。

観光で日本に来た人ももちろんいる。しかし、中近東、東南アジア等の外国人で、土木関係、飲食関係で働いている人を、本当によく見かけるようになった。中には、観光ビザで入国をして、居残って仕事をする人も多いという。不法滞在までして働いているのである。

以前、スポーツの世界大会でメダルを獲得した優秀な選手が、日本で働きたいと、合宿のホテルから抜け出した、というような記事が出ていた。なぜ、日本で働きたがるのか。それほど、日本は仕事に恵まれているということにほかならない。

仕事がなくて困ったとき、いい条件の仕事がないとき、不足ばかり言っていては申し訳ない。そんなときは、心の目をもっと大きく開いて、まず日本という恵まれた経済大国に住んでいることを思い浮かべて、通らせていただきたいと思う。

どんな人にも仕事はある

「病んだ日のことを思いかえし、健《すこ》やかな今日《きょう》の日を思えば、心は言い知れぬ喜びに躍る。身上壮健に働ける幸福を、しみじみと悟れば、ひたすら親神にもたれて、思召《おぼしめし》のままにひのきしんに勇み立つ」

（『天理教教典』第八章「道すがら」）

身上壮健に働けるということは、ありがたいことである。私は、早朝四時ごろから夜寝るまで、神様の御用、御用で一日が暮れる。

夜明け前は、原稿書き。その後、住み込みさんたちと朝の神殿掃除、駅前から教会までの道路清掃と続くが、実に爽快《そうかい》そのものである。そして、朝のおつとめをさせていただく。その後も、にをいがけ、信者さん宅の講社祭、部内の月次祭、巡教など、神様の御用はいくらでもある。働き盛りの人なら誰でもそうであるが、ともかく毎日毎日が、飛ぶように過ぎていく。

さて、身体《からだ》が健康なのに働く仕事がない、という話を聞くことがある。困った、困ったと言うが、本当に仕事が見つからないのだろうか。そこが、問題だと思う。

厳しいようであるが、それは、仕事がないのではなく、自分の心に合う仕事がないのではあるまいか。仕事の選り好みが激しく、給料が安くてばからしいなどと思うからではあるまいか。

私の仕事は、ほとんど無報酬の仕事が多い。しかし、給料が問題なのではない。道一条であるから当然ではあるが、少しでも人のためになるか、人が喜ぶか、それが基準なのである。

人のためになっているならば、自分の生活は不思議と困らない。ただ働きの仕事は、なかなかやる気になれないかもしれないが、年月がたてば、そういうものが本当は楽しみなのである。

おさしづに、こう教えられる。

月々年々余れば返《か》やす、足らねば貰《もら》う。平均勘定はちゃんと付く。

（明治25・1・13）

私が道一条を定めて、大教会づとめをさせていただいたとき、一カ月のお与えは三千円であった。当時でも、世間で働いている友人のほとんどは、その四十倍、五十倍の給料をもらっていた。何という差、何という不公平。そんな思いが浮かんできたこともあった。

しかし、道一条にならせていただいて三十余年、五人の子供も、おかげさまで順調に育ってきた。教会の建物も、もったいないほど立派になった。信者さん方も、みんな心を寄せてくださっている。毎日あれこれ忙しいが、困ることもなく、誠にありがたく過ごさせていただいている。

「蒔《ま》いたる種は、みな生える」というが、人の喜ぶ種さえ蒔けば、求めずとも必ず喜びがやって来る。そういうことだと思う。

話は変わるが、とても働けないような中でも、自分の仕事を見つけて、明るく勇んで活躍している人もいる。

日本橋詰所での新婚生活を始めて間もないころの、忘れがたい思い出がある。天理市から電車で三十分ほどの京都府木津《きづ》町（現・木津川《きづがわ》市）に、井上《いのうえ》さんという人がいた。その当時、にをいがけに出させていただいても話を聞いてくれる人はなかったが、井上さんだけは快く家に入れてくださったので、月に一回訪問させていただくのが、とても楽しみであった。

元は瓦《かわら》職人で、脳溢血《のういっけつ》のために右半身の自由が利かなくなり、職人の仕事ができないため、自宅で瓦の研究をしていたのである。

その井上さんが、あるとき、こんなことを言った。

「半身不随になって現場の仕事はできなくなったが、おかげさまで瓦の研究ができるようになりました。病気にならなかったら、本格的な研究などできませんよ」

その後、井上さんは本も出版された。また、それと前後して、奈良の東大《とうだい》寺《じ》大仏殿の大修理には、監査役として活躍されていた。

どんな中でも仕事がある。半身不随になっても仕事がある。その人に合った仕事というものが、あるものである。

井上さんが、左手で一字一字、たどたどしく原稿用紙の升目を埋めていく様子を何度も見させていただいたが、「病気になったからこそできる」といった、そんな前向きな明るい生き方こそ、いつまでも忘れないでいたいと思う。

仕事に恵まれる人、恵まれない人

お金を大切にする人は、お金に恵まれる。

人を大切にする人は、人に恵まれる。

暴飲暴食などせず健康を大切にする人は、健康に恵まれる。すべては神様からの借りものと、大切にするから恵まれてくるようである。どんなものにも、そういう法則があるように思えてならない。仕事を大切にすれば、仕事に恵まれるということである。

俳優の西郷輝彦《さいごうてるひこ》さんが、公演の直前に腸閉塞《ちょうへいそく》か何かで大変な激痛が襲ってきたとき、痛み止めを打って舞台の役を果たしたとテレビで言っていた。身体を張っての仕事とは、こういうことをいうのだろう。浮き沈みの激しい芸能界で、四十年余りにわたって活躍する人は、さすが、仕事への熱の入れようが違うと思った。

仕事に恵まれる人は、能力があるとか、運がいいとか、コネがあるとか、そう思われがちである。しかし本当は、仕事を大切にする心が強いというべきであろう。

反対に、仕事に恵まれない人は、仕事に関して甘い考えの人が多い。仕事より金、遊び、酒。時間にはルーズで、手抜きばかりである。

学生のころの友人に、「仕事ばかりが人生でない」と、悟ったようなことを言っていた人がいた。趣味が肝心、読書だ、音楽だと、かなり人生を楽しんでいた。ところが現在、アルコール依存症の一歩手前で、独り寂しく暮らしている。仕事を大切にしなければ、仕事を失うのは当然なのである。

教祖がお聞かせくだされたお話に、こういうものがある。

「奉公すれば、これは親方のものと思わず、蔭日向《かげひなた》なく自分の事と思うてするのやで。秋にでも、今日はうっとしいと思うたら、自分のものやと思うて、莚《むしろ》でも何《な》んでも始末せにゃならん。

蔭日向なく働き、人を助けて置くから、秋が来たら襦袢《じゅばん》を拵《こしら》えてやろう、何々してやろう、というようになってくる。（中略）

この屋敷に居《い》る者も、自分の仕事であると思うから、夜昼、こうしよう、ああしようと心にかけてする。我が事と思うてするから、我が事になる。ここは自分の家や、我が事と思うてすると、自分の家になる。蔭日向をして、なまくらすると、自分の家として居《お》られぬようになる。

この屋敷には、働く手は、いくらでもほしい。働かん手は、一人も要《い》らん」

（『稿本天理教教祖伝逸話篇』一九七「働く手は」）

仕事に恵まれる人、恵まれない人。いろいろな人がいるが、その分かれ道となる心の向きが、実によく語られている。

また、一生懸命に仕事をしているのに、仕事に恵まれない人もいる。会社の人間関係でつまずいたり、経営者なら不渡り手形をつかまされたり、ここ一番というときに病気になったりと、運が悪くて仕事に恵まれない人である。

世間では運が悪いというが、お道では、運が悪いのでなく、仕事の徳がすり切れているというのである。そういう人は、仕事に力を入れる前に、徳積みに力を入れさせていただきたい。陰徳を積ませていただくのである。

そんな中に、努力が実り、結構と思える仕事に恵まれる人にならせていただけるものと思う。

仕事が続く

たんのうはつなぐ理

楽しいことは、自然と続くものである。嫌《いや》なことは、なかなか続きにくい。お道では、たんのうはつなぐ理、不足は切る理と教えられるが、ともかく、喜んで仕事をさせていただく、そんな心が良いと思う。

日本橋大教会で「教会子弟講習会」をさせていただいたとき、プログラムの最後に、親睦《しんぼく》会を兼ねての会食があった。その司会役に当たったのが、元気者のI君である。

「はーい、皆さん。きょうはお忙しい中、講習会にご参加くださいまして誠にありがとうございました。私、親睦会の司会のIでございます。それでは、これをもちまして終わりにさせていただきまーす」

一瞬、「？・？・？・」。これからご馳走《ちそう》と待っているときの意外なあいさつに、みんなどっと笑ったが、彼は、司会が根っから好きなようである。千人を超える大教会の「うをみ会総会」でも司会をした。私も何回か頼んだことがあるが、断られたことは、いままで一度もない。

仕事を楽しんでする。こんな人は、自分も愉快だろうが、周りの人も楽しい。

働くことを労働という。「労」という字を使うから、仕事はつまらないもの、苦しいものだという、そんな考えに凝り固まっている人もいる。しかし、大活躍する人は、その点まったく違う。

本田《ほんだ》技研工業の創業者・本田宗一郎《そういちろう》の名言に、「作って喜び、売って喜び、買って喜ぶ」というのがある。オートバイは、乗る楽しみだけでなく、作るのも楽しみなら、売るのも楽しみ。技術者、販売者、購入者、製品にかかわるすべての人が幸せにならなければならないと説き、社員たちを奮い立たせて世界のホンダに築き上げていった。

仕事を楽しむ、仕事が愉快。そんな道中ばかりとはいかないだろうが、仕事を楽しんでいる人はたくさんいる。ともかく、不足すると、どんなものも切れてくる。仕事を楽しむことが、仕事が続く元ではないかと思う。

また、仕事が続くという〝つなぎ〟は、くにさづちのみことのご守護である。くにさづちのみことの、元初《もとはじ》まりの泥海の中でのお姿は〝かめ〟である。そんなところから、仕事が続くには、我《が》を張らない、低い素直な心、いわゆる亀の心が大いに大切だと思う。

低い心の人は、どんな中も喜べる。仕事があるだけでありがたい。仕事ができるだけでありがたい。働きたくとも働けない人のことを考えれば、もったいなくも思う。お金でも、物でも、人情でも、仕事でも、何でも低いところに集まってくるのである。

仕事を楽しむ。また、低い心で仕事を続ける。そんな心で、生涯を貫く一つの仕事ができたら、こんな幸福はあるまい。

最終目的は陽気ぐらし

幼いころからの友人であるA君は、大変な努力家であった。

彼は大学に入るのに三年か四年も浪人して、ようやく入学した。そして、大学時代から資格試験を目指し、卒業後もまた何年もかかって、ついに資格を取ることができたのである。

コタツに入って、コツコツ勉強をしていた彼の姿が、いまも目に浮かぶ。現在、彼はその資格を生かして、五人の事務員を雇い、会社の経営者として活躍している。先日、久しぶりに会ったとき、仕事も順調にいっているので、楽しみにしていた家を購入すると言っていた。

受験勉強というのは、自分との闘いである。一人でコツコツ頑張る以外にない。受験勉強の最中は、収入も、立場も、楽しみも、まったく何もない。それを、実に十数年間、ずっと続けてきた。よく頑張れたと思う。

なぜ頑張れたのか。それは、ただ一つ、資格を取るという目的があったからである。どうしても目的を果たしたい。その資格を取って活躍したい。そんな夢、大きな目的があったから、できたのである。

目的をもった者は強い。少しぐらいのことではくじけない。

仕事が続くということは、どんな中でもやらなければならない、しっかりした目的をもっているということではないかと思う。

反対に、目的がなくなると、人間はだらしないものである。

B君も友人であるが、親孝行で働き者の、良い青年であった。ところが、ちょっとしたことから、気の毒にも離婚となった。そしてその後は、寂しい独り暮らしとなった。どうしているかと彼のアパートを訪ねたとき、こんなことを言っていた。

「一生懸命働こうとか、何かをしようとか、そんなことはさらさら考えないね。第一、妻も子供もいないんだ。何のために頑張るんだ？　妻子のいる者には、俺《おれ》の気持ちは分からないよ」

その後、いろいろと話した。何度もアパートを訪ねたが、残念ながら彼の心を前向きにすることはできなかった。働くことは働いていたが、ただ生きていかなければならないからというだけで、あの働き者であった青年の面影は、どこかにいってしまった。彼には、妻や子のために、一家のために働くという目的がなくなったのである。

人間にはいろいろな目的がある。身近な目的、大きな目的。目的があるから、やりがいも出てくるのであろう。

おふでさきに、こう教えられている。

月日にわにんけんはじめかけたのわ
よふきゆさんがみたいゆへから　（十四　25）
せかいにハこのしんぢつをしらんから
みなどこまでもいつむはかりで　（十四　26）

人間として生まれてきた目的は〝陽気ぐらし〟だという。なんと温かい、明るい目的だろうか。

人間は一代限りではない。今生ばかりではなく、来生もある。何回も、何回も出直して、心を澄ませて陽気ぐらしへと向かう。

人間には、陽気ぐらしという大目的がある。そのために、心のほこりを取って、心を澄ませるという道筋がある。

仕事をするのは、お金を稼《かせ》いだり、仕事を完成させたりすることだけが目的ではない。その仕事を通して、自分の心を磨くのである。

知恵、力、真実をしぼる。尽くして求めぬ心をつくる。そういう生き方は、実に楽しいと思う。大目標である陽気ぐらしに向かって、誰もが生涯かけた仕事をもてれば、こんな幸せはないと思うのである。

続くのは徳のできた姿

どこにでも、飽きっぽい人はいる。仕事でも、一年か二年すると、必ずやめてしまう。そんなに転々としていてはだめだと、本人も周りの人も分かっている。しかし、分かっていても、あちらこちらと定まるときがない。

それは、粘りがないのである。語呂《ごろ》合わせのようであるが、「根張りがない」ということである。目には見えないが、根がしっかりと張っている木は、台風が来ても、嵐に遭《あ》っても、決して倒れることはない。しかし、根が張っていない木は、ちょっとした風が吹いただけで、悲惨《ひさん》な姿で倒れる。

木を支える土台は、目に見えない〝根〟である。人間を支える土台は何か。それは、目に見えない〝徳〟である。人間に徳がついてくると、どんな中でも倒れない。だから、仕事でも何でも長続きするようになるのである。

三十数年前、修養科で二カ月間、一緒に学ばせていただいたN氏は、修養科で人気者であった。人柄が何しろ明るいのである。そのうえ、人生の裏街道をあっちこっちと歩いてきたから、話も面白い。

その彼にも、大きな弱点があった。仕事が定まらないのである。何としても腰が落ち着かない。仕事を転々としてしまうのである。転々としたついでに、その後、二回も修養科に入った。なんと計三回、修養科で心の勉強をされたのである。そして、最後の修養科修了後、道一条しかないと「布教の家」に入り、神様の御用をされるようになった。

不思議なことであるが、それから転々としなくなった。以来二十余年、いまは教会長として、人だすけのうえに活躍されている。

ある日、巡教でその教会へお話に行かせていただいたが、駅まで迎えに来てくださったお姉さんが、こんなことを言われた。

「弟も、ようやく定まった仕事をするようになりました。それまでは飽きっぽくて、仕事が全く続かなかったのです。本当にありがたいと思っておりますす」と。

仕事が続かないというのは、土台がしっかりしていなかったからであろう。

神様の御用をさせていただく中に、だんだんと徳がついてきた。土台ができてきた。だから二十年余りも続いているのである。

祭典が終わって直会《なおらい》になっても、お酒は一滴も口にしなかった。タバコもやめ、好きなお酒も断って、徳積みの道に励まれる彼の姿に、参拝に来られていたお姉さんも、お母さんも、大変喜ばれているようであった。

おふでさきに、こんなおうたがある。

にんけんの心とゆうハあざのふて
みへたる事をばかりゆうなり　（三　115）

誰でも、表面の姿、形ばかりを求めやすい。しかし、本当に大切なのは、見えているものを支えている見えない土台、根である。人間でいえば、心の徳といえよう。

木でも、冬には枯れ葉を落として丸坊主になる。根に力をためて、厳しい寒さを越え、春に花を咲かせるのである。

世間では、見える世界を大切にする。お道では、見えない世界を大切にする。見える世界に狂いが出てきたときは、見える世界ばかりで解決しようとしても、解決にはならない。

仕事が長続きせず、転々とする。そんなときは、しっかりした土台づくり、徳積みが肝心である。そして、どんな中でも倒れない、明るい、安定感のある、素晴らしい人生を築き上げていただきたいと思う。

経営が順調

人もお金も低い心に集まる

経営の神様と称《たた》えられた松下幸之助《まつしたこうのすけ》が、こう言っていた。

「私は小学校しか出ていない。だから、有能な、頭のいい人に入社していただいて、活躍していただくのだ」と。

世界の製鋼王といわれたカーネギーは、自分の墓に「自分より有能な人を使った者、ここに眠る」と刻ませたそうである。

松下幸之助もカーネギーも、一代で世界に羽ばたく大企業をつくった超人である。経済大国の日本と米国の英雄的経営者であるが、自分より有能な者を雇うとは、実に謙虚であり、大いに勉強させられた。

無一文から自分がつくった。自分がすべてを計画して、采配を振るってここまでやってきた。凡人なら誰《だれ》でもそう思いやすい。俺《おれ》が、俺がと思いやすい。高慢な、小さな心になりやすい。そこが、発展するか小さくまとまってしまうかの分かれ目なのであろう。

お道ではよく、こういうふうに諭される。

「水は低い所へ流れるように、人も、お金も、心も、みんな低い所に集まる」と。

愛光《あいひかり》分教会の初代会長・大野佐七《おおのさしち》先生は、会社を経営していたときに、理の親から「低い心で通りなさいよ」と諭された。そんな一言からお道に心を寄せるようになり、教内屈指の素晴らしい教会になられた。

その愛光分教会で、経営者ばかりを集めての講習会が開かれ、そこでよく、こんなことを話されたという。

「発展して栄えていく会社、不振になっていく会社、会社にも栄枯盛衰がある。没落する会社の人は、必ず心が高くなっている。栄えていく会社の人は、心が低くなっている。山を登るときは、足元を見て登る。下るときは、空を見て下る。それと同じようなものである」

大野先生の著書『人間は魂の徳で立つ』の後書きには、こう書かれてある。「『それでもオレは行く』心の中で何度もそう呟《つぶや》きながら、自分に鞭《むち》をあて、地を這《は》うようにして進んできた。だから、わたしの歩みは牛歩遅々たるものであった」

そんな地を這うような低い心に、千人、二千人という多くの人が集まり、教会として素晴らしい栄えをご守護いただくようになったのであろう。低い心で通ると、ばかにされる。いいかげんに扱われる。それでは、自分がやっていけなくなる。先が不安だ。そんな言い訳をする人がある。しかし、本当に、低い心で悪くなるのだろうか。

ちょっとしたことで、腹を立てたり文句を言ったりする。そういう高慢な心こそ、誰からも嫌われ、結局、先行きが悪くなるのではあるまいか。

余談であるが、もうかなり前に『金儲《もう》けの本』という変わった名の本があった。本屋で立ち読みしただけであるが、驚いたことに、あいさつの仕方、お辞儀の仕方が、その中身のすべてであった。心が高くて、あいさつやお辞儀ができなくてはだめだ。お金儲けは低い心が第一。こう言いたかったようであるが、なかなか面白い発想で、大いに現実的であるとも思った。集める理は小さく、集まる理は大きいといわれる。集める理より集まる理が大切である。

低い心は、一朝一夕にはできない。簡単なようでなかなか難しいが、胸に刻んで通らせていただきたいと思う。

会社の中心は社長

和気あいあいとみんなが勇めば、会社は繁栄してくる。心がバラバラで、みんなが暗くなれば、会社の業績は悪くなる。いったい、その分かれ目は何か。

その一番のポイントは、社長が会社の中心にあるか、それともいい加減に扱われているか。ここが問題だと思う。

ちょっと変わった見方と思うかもしれないが、大事な点である。特に現代は、人間はみな平等という考えが行き渡ってきた。平等ということは、大いに歓迎すべきである。お道でも「世界一れつみな兄弟」といわれている。しかし、どんなものにも中心がある。中心があるところに、安定、治まり、明るさがあることも知らなければならない。

その証拠に、どんな国にも首都がある。首相や大統領がいる。会社には社長、店には店長がいる。そして、店でも会社でも、経営者がばかにされていたり、嫌われていたりするところでは必ず、争い、混乱、崩壊が現れてくるのである。

どんなものにも中心がある。それが分かる心の目をもちたいと思う。

ダメ社長はダメ、ダメ店長はダメ、ダメ親はダメ、ダメなものはダメだ。こういって、まとめ役の中心になる人を非難し、協力しないでビシビシ注意する。それが会社の発展、店の繁栄、家の円満の元になるように思っている人もいる。それが、上の者を生かす道だと思っている人もいる。しかし、本当にそうだろうか。

結論からいうと、それは自分自身の破滅、災難となって現れてくる。社長、店長、親、それらは、それぞれの中心、根、元なのである。根が傷んだら、枝葉は必ずしおれて、枯れてくる。

枝葉が枯れるのは根が悪いからだ、しっかり元気を出さない根が悪いからだといって、悪い根を責めたり、根をつついてひどいダメージを与えたりすると、その結果はいったいどうだろうか。根が傷つけば、枝葉はますます枯れてくる。そんなことは説明するまでもないことである。根が傷んで枝葉が枯れてきたら、根に肥《こ》やしをやる。それが、賢い生き方ではあるまいか。

社長がダメでも、社員が盛り立てたら会社は発展する。

店主がダメでも、店員が盛り立てたら店は発展する。

親がダメでも、家族が盛り立てたら家は発展する。

その発展が、自分の幸せとなって返ってくるのである。

不平等な、封建的な考え方と思う人もいるかもしれないが、そうではない。ものにはすべて中心があり、中心があるところに調和がある、ということである。これは草木だけでなく、宇宙に存在するすべてのものに貫く、天の理であることを知らねばなるまい。

自分が社長、店主、親なら、こう考えたい。

会社でも、店でも、家でも、繁栄するか衰退するかのすべての原因や責任は、中心である自分にあることを知りたい。

冬になると枝葉が枯れて、木々は丸坊主になる。しかし、根さえしっかりしていれば、春には新芽を出し、美しい花を咲かせる。根が生き生きしていたら、幹も、枝も、葉も、花も、必ず生気を取り戻してくるのである。

教祖の逸話に、こういう話がある。

「文久《ぶんきゅう》三年七月の中頃《ごろ》、辻忠作《つじちゅうさく》の長男由松《よしまつ》は、当時四才であったが、顔が青くなり、もう難しいという程《ほど》になったので、忠作の母おりうが背負うて参拝したところ、教祖は、

『親と代わりて来い』

と、仰せられた。それで、妻ますが、背負うて参拝したところ、

『ふた親の心次第に救《たす》けてやろう』

と、お諭し頂き、四、五日程で、すっきりお救け頂いた」

（『稿本天理教教祖伝逸話篇』九「ふた親の心次第に」）

これは、家庭の中の親子の問題であるが、家庭では両親が元。ふた親の心次第で、子供の危ない病気もたすかるということである。会社やお店ならば、

社長や店長が元。その心一つで、すべてが決まってくるということである。

結論になるが、私が言いたいのは、社長であろうと社員であろうと、相手が問題なのではなく、自分が問題なのだということである。社長ならば、自分の器こそ問題である。社員ならば、社長なくして会社の安定、発展はあり得ないことを知りたい。

すべてが自分の責任だと思うことは、負担が大きくて苦しいことのように思われるかもしれないが、実際は、全く逆である。不都合なことも、自分の責任だと分かると、知らず知らずに反省の心が湧《わ》いてくる。不足心はおきない。心は晴れ晴れと、晴天の心そのものになる。

相手が悪いと思う心ほど、自分を悩ませ、疲れさせ、苦しめるものはない。相手を責める心は、自分の心を苛立《いらだ》たせるだけでなく、身体《からだ》の調子も狂わせる。また、責める心は相手にも必ず伝わる。そんな状態が続くと、夫婦、親子でも、悲惨《ひさん》な争いが起こってくるから気をつけねばなるまい。

ともかく、すべてのものには中心がある。自分の立場を自覚し、自分の立場を全うする。そこに、すべての安定、調和、発展が現れてこよう。

繁栄の種

一万年前、採集狩猟文化から農耕文化へと大きく変わった。種を蒔《ま》くことを知って、「人間」は「動物」と全く違う生き方をするようになった。ただ取って食べるのと、種を蒔いて育てるのとでは、収穫量に莫大《ばくだい》な差が出てきたからである。

種を蒔くことを知る。そこに、人間としての知恵がある。

リンゴの種を蒔けば、リンゴの花が咲き、リンゴが実る。

柿の種を蒔けば、柿の花が咲き、柿が実る。

この世の中は、どんなものも蒔いた種どおりの花が咲き、実がなる。そこには一分一厘の狂いもない。

「種は正直」というが、誠に恐ろしいほど、種どおりのものが実ってくる。それも、一粒万倍《いちりゅうまんばい》の姿となって現れてくる。ならばいったい、繁栄の種とはどんな種をいうのだろうか。

少し卑近《ひきん》すぎると思うが、「お金」について考えてみよう。お金に恵まれる人と、恵まれない人とがある。それは、収入の多寡《たか》によって決まると思いがちであるが、決してそうではない。

借金地獄で困っている人の相談を受けることがあるが、不思議なことに、収入の多い人がかなりいる。よくよく調べてみると、借金は、浪費癖《ろうひへき》、ギャンブルや派手な生活の結果なのである。お金の生かし方、使い方、これが一番の問題といえよう。

天理教の教会でも、お金回りのいい教会と、お金回りの悪い教会とがある。それぞれに、お金の使い方がちょっと違う。お金回りのいい教会の会長は、自分のもの、家族のものは後回しで、とにかくまず、人さまのためにお供えである。着るもの、食べるものは、大半は頂きもので済ませる。

小さな教会から、五百坪、千坪の大きな教会になった人たちの生活は、ほとんどそうである。実に質素である。ある先生は、もう五十年、自分の食べるもの、着るものは買ったことがないと言っていた。

私も、真似《まね》事をさせていただいて約三十年になる。人と一緒のときは買わせていただくが、自分一人のときは、立ち食いそば一杯も食べずに通らせていただいている。

精いっぱい働く。知恵も、力も、真実も、しぼれるだけしぼる。そして、頂いたお金は人のために使わせていただく。そこに、お金に恵まれる元があるということである。

お金に困るという人は、入ったお金を、ほとんど自分の楽しみのために使ってしまう。種を蒔かずに、食べてしまう人である。元手の種を蒔かずに、ほとんど食べてしまうのだから、いつまでたってもお金の徳ができてこない。

「人」も同様である。人に恵まれる人と、恵まれない人とがあるが、それは、人の生かし方、使い方によって決まってくるように思える。

もう三十年も前のことであるが、一代で二十カ所余りの部内教会をつくられたある女性の会長さんに、「一代で一カ所の教会をつくるのも大変なのに、どうやって二十カ所もの教会をつくられたのですか?」と、お尋ねさせていただいた。

すると、その会長さんいわく。「人の生かし方ですよ。人には、好きなこと、得意なことがある。その好きなこと、得意なことをやっていただくのです。

そうしているうちに、だんだん教会が盛んになり、増えてきたんですよ」と。

経営者の役目の一番大切なところは、人の使い方である。適材適所、人の特長をいかに生かすか。ここにあるように思われる。

お金でも人でも、繁栄するには繁栄するだけの種がある。その繁栄の種を、しっかり蒔かせていただきたいと思う。

努力が実る

腹立ち、短気

「短気は損気」といわれるが、すぐにムカッと腹を立てる短気な人は、それだけでどれほど損をしているか分からない。一生懸命にやってきたことが、一瞬のうちに泡となって消えてしまうからである。

この腹立ちの性分は、どちらかというとやり手の人、努力家の人に多く見られる。それだけに、せっかくの努力がふいになってしまう腹立ち、短気は、特に気をつけたい。

先日、信者さん宅の講社祭に行かせていただいたときのことである。相談に来られた男性は、実に体格も良く、やり手の人であった。しかし、腹立ちの性分のために、人生をめちゃめちゃにしている人でもあった。

気の毒にも、若いころ、奥さんに逃げられたという。それが、自分の人生が狂うそもそもの原因になったと本人は言っていたが、私には、本末転倒、腹立ちが原因で奥さんに逃げられたように思えた。

少し前にもけんかをした。その理由は、通りがかりの車が脱輪したので助けようとした際、近くの若者たちに手伝うように声を掛けたが、いい返事が返ってこなかったので、腹を立ててけんかになったという。おまけに、止めに来た警官のやり方が気に食わないといって、警察官とけんかになり、警察署に乗り込んで、とうとう御用となってしまった。

世の中には、いろいろな人がいるものである。腹立ちの性分のために、家庭も、仕事も、人生も、みんな台無しにしてしまったのである。講社祭のおつとめの後、心のほこりについて話をさせていただくと、感じたところがあったのか、その八つのほこりを紙に書いてくれというので、書かせていただいた。

誰《だれ》でも、努力は実ってほしいものである。目標を達成せんがために、一生懸命努力するのである。しかし、頑張ってもなかなか実らない場合がある。

そんなときは、短気の癖《くせ》、腹立ちの癖はないかということを、よく反省してみたい。

話は変わるが、甲賀《こうが》大教会初代・山田太右衛門《やまだたえもん》先生は、現在は約一万坪の境内地をもつ素晴らしい大教会の礎《いしずえ》を築いたお道の大先輩である。山田先生は、自ら〝大愚《たいぐ》太右衛門〟と名乗り、多くの人から親しまれたそうであるが、そのお話は実に味わい深い。

「はらだちは、気みじかで、気みじかは、息がみじかいといわっしゃる。息がみじかいちゅうのは、いのちがみじかいちゅうことやでなあ。ものはなんでもみじこうては役に立ちまへんやろ。なんぼ人が好《よ》うても、気がみじこうてはあかん。この世の中もながいことつづいてきたように、神さまは気がながいのやさかいなあ、信心の道もなごうつづかなあかんのやぞな。

そこでなあ、はらだちはいかんとわかっていながら、なんで腹が立つねやろ。ひとにみじかいものばっかりあてごうておくからや。ものごとは自分の思うようにさえなったら腹は立たんのやから、ひとにはちゃんと足りた十分なものをあてがうようにせなあきまへんのやで。ふだんからそれをしてないさかいに、してない心の理がはたらいて、なんぼでも気にいらんことがでけてくるのや。それやで、なんぼ腹立てんようにしようと思うても、いやでも腹を立てんならんようなことがわいてきますのやで」

（山本素石《やまもとそせき》『大愚太右衛門――伝道者　山田太右衛門の生涯』195～196ページ）

大愚という名からも、また、信者さん方に諭されたこのお話からも、いかにも気の長い、大らかな人柄が伝わってくる。否《いな》、もしかしたら、仕事をてきぱきする気の短い人だったのかもしれない。そんな中で、腹立ちを戒められて、自らお話を説き、実践する中に、てきぱきする働きと長い心が合体されて、大木のような大教会に伸びていったようにも思われた。

ともかく、努力が実るには、粘り強い心、長い心が大切ということである。この教話の、「腹が立つというのは、他人に十分でない、足りないことをしておくからだ」という見方も、実に興味深い。腹が立ってしょうがないときは、この話を思い返し、人に十分なことをして、腹を立てずに通らせていただきたいと思う。

親孝行者は努力が実る

阪神淡路《はんしんあわじ》大震災で教会が全壊してしまったご婦人の教会長さんが、震災後、半年くらいしたころ、こんな話をされていた。

「単独布教から今日まで、ほとんど生涯をかけて築いてきた教会が、震災で一瞬にして、もろくも倒れてしまいました。なぜこんなことになったのかと、いろいろ思案した結果、自分の親不孝が原因だということが、はっきり分かりました。これからは、どんな中でも親孝行で通らせていただきたい」と。

断っておくが、震災に遭《あ》った人がみな、そういう人であるという意味では全くない。この会長さんの個人的な悟りである。

しかし、それから一年半、教会は見事に復興され、素晴らしい神殿が建ち上がった。ふしから芽が出るというが、神様は、その会長さんの素晴らしい心の転換に、大きなご守護を下さったのであろう。実に奥の深い悟りだと思わせていただいた。

人間は窮地に立つと、だいたいが、神も仏もあるものかと自暴自棄になったり、親を恨《うら》んだりするものである。そんな中で親不孝を詫《わ》びるということは、なかなかできることではない。それをあえて反省したところに、大躍進があったのだと思う。

親は根、自分は幹、子供は枝葉。根に肥《こ》やしをやる中に、枝葉は栄える。お道ではよく、こういうふうに諭される。しかし、これは単なるお話ではなく、多くの努力家が誤りやすい点を、分かりやすく話された成功の極意ではないかと思う。

俺《おれ》が、俺がと頑張る。育ててもらった親の恩も忘れ、夜も寝ずに精いっぱい働く。だいたい、親不孝の人でも、寝ずに努力をすれば、それなりの結果を得ることができる。ところが、それが続くかということになると、問題なのである。

根が張っていない木は倒れやすい。根のない花は枯れやすい。見かけはきれいであったり、大きかったりしても、長くはもたないのである。

おさしづにも、こうある。

長くは先の楽しみ、短いは楽しみ無し。これ俄《にわ》かに咲く花は、切って来て床へ挿《さ》してあるも同じ事。これはのじの無いものである。さあ〳〵これ根のある花は遅なる。なれども年々咲く。又《また》枝に枝が栄える。

（明治24・11・1）


親孝行していると、必ずといっていいほど子供が親孝行になる。

親不孝していると、必ずといっていいほど子供が親不孝になる。

親孝行の子供をもったら、先が楽しみ。

親不孝の子供をもったら、先に楽しみはない。

〝親孝行〟というと、封建的な考え方と決めつけて、時代錯誤のように思っている人もいる。親の義務は取り沙汰《ざた》されるが、親孝行の話がされるのをあまり聞いたことがない。そんないまの学校教育にも問題があろう。全く、残念なことと思う。

いま、教育の現場が荒れている。家庭の中も荒れている。不登校、いじめ、家庭内暴力等々、困った現象を表す言葉が一般に定着するほど拡大してきている。

せっかく子供を育てても、これでは楽しみもあるまい。くどいようであるが、これは、〝親孝行〟を忘れたいまの教育に起因しているように思えてならない。

元、根、土台、親。これを忘れたらすべてが台無しになり、努力も実らない。仕事の面でも、家庭の面でも、健康の面でも、すべての努力が実る元。最近、特に薄れてきた〝親孝行〟を、心に刻んで通らせていただきたいと思う。

神の道は裏の道

いくら努力しても恵まれない。いったい、どうしたらいいか分からない。そんな人が、信仰に入ってたすかっていく。恵まれるようになっていく。なぜ、信仰してたすかっていくのだろうか。

その基本的なあり方の一つは、信仰させていただく以前に気づかなかったところに、心の目が開かれていくからである。

世界の道は表の道、神の道は裏の道。お道ではよく、こういわれる。どんなものにも表と裏がある。その、人が見ていない裏に力を入れる。そんな中に、だんだんとご守護を頂けるようになってくるのである。

古くからの信者さんの家で、何度か「たね」と毛筆で書かれた、古くなった小さな木の箱を拝見させていただいた。昔は、その木箱の中へ、神様への日々のご恩報じ、徳積みにと、お供えをさせていただいたのである。

人間は、八千八度《はっせんやたび》の生まれ替わりを経て現在がある。だから、いままでにどんな種を蒔《ま》いてきたか分からない。前生はおろか今生でさえ、生まれてから今日まで、知らずにいろいろな種を蒔いてきた。

蒔いた種は埋もれてしまうから見えない。どんな種を蒔いたか分からなくなってしまう。見えなくなってしまうから関係ないかというと、大間違いである。どんなことが成ってくるのも、土をかぶって見えなくなったその種どおりに、みな実ってくる。そこで、これからしっかり良い種を蒔かせていただこうということである。

おぢばへ帰らせていただいて、誰もが驚かれるのは、天理市の道路という道路にゴミ一つ落ちていないことである。

報徳《ほうとく》分教会では毎朝、東急《とうきゅう》線の武蔵小山《むさしこやま》駅から教会までの道路を掃除させていただいているが、いくらきれいに掃《は》いても、次の日になると必ず、たくさんのタバコの吸い殻やゴミが落ちている。朝は気持ちがよく、皆さんに喜ばれるので楽しみながらさせていただいているが、たった百メートルか二百メートルの間を掃除するだけで精いっぱいである。

そんなことから考えると、天理市全体がきれいというのは、驚きであり、誠に素晴らしいことと思う。朝、暗いうちに、天理市の人たちや修養科生さんたちが、自主的に掃除をされているからである。

お道では、人の見ていないところでどんな通り方をしているかが大切だと教えられている。だから、ほかの人たちが出てくる前に、率先して道路を掃除してしまう人が多いのである。また、人が見ていないからと、タバコの吸い殻やゴミを捨てる不心得者が少ないせいもあろう。

神の道は裏の道、裏の道は心の道、ともいう。

心が澄んでくると、家の中も、町も、川も、海もきれいになり、澄んでくる。

心が汚れてくると、家の中も、町も、川も、海も汚れてくる。

裏の道をしっかり通っている人は、何ごともすっきりしてくる。

裏の道をいいかげんに通っている人は、物事が難しくこんがらがってくる。「努力が実らない」というのは、表ばかりでなく裏に力を入れよと、神様が教えてくださっているのではあるまいか。

生き神様と言われた愛町《あいまち》分教会初代会長・関根豊松《せきねとよまつ》先生は、「徳とは、人の前にあるのではない。人の見ていない陰にある」と、陰の通り方に結構になる元があることを、いつも強調されたという。

努力が実るには何が大切か。繰り返しになるが、人の見ていない陰に力を入れることである。できにくいことであるが、先を楽しみに、身近なところから実践させていただきたいと思う。

会社が安心

起き上がり小法師

竹馬やメンコなどの単純な遊びを、いまの子供はあまりしない。遊びを通しての親子の共感が少なくなり、何となく寂しい気もするが、そんな忘れられた昔の玩具《がんぐ》の中に、「起き上がり小法師《こぼし》」というのがあった。

達磨《だるま》のような形をしていて、つついて倒しても、また起き上がってくる。いくら倒しても起き上がってくる。その意外性が面白くて、おもちゃとして流行《はや》った。

真横にしても起きてくる。逆さにしても起きてくる。できれば、人も、会社も、そんな元気さがあってほしいと思う。

バブル崩壊後の景気は、見通しが明るくなったとはいわれながら、本格的な回復はまだ先のようである。暗い話で申し訳ないが、そういう中で会社の倒産が相次いでいる。自分の会社が、もしかしたら倒産するかもしれない。解雇されるかもしれない。そんな危機感、不安を抱えている人は多い。そういうときは、どう通ったらいいのだろうか。いろいろあると思うが、先の起き上がり小法師はなぜ倒れないのかという、そんなところからヒントを得るのもむだではあるまい。

どんな中でも倒れないという原理は、実に単純である。重りが、達磨のような人形の底に張りついているからである。重心が低い。物の重さの中心が低いから、倒れないのである。同じように、会社も、経営者の心が低い、従業員の態度が謙虚である、そういう会社が、不況の中でも生き残っていくのではあるまいか。

報徳分教会は、もうすぐ創立百周年になる。聞けば、会社でも商店でも、百年続くのは全体の約五パーセントで、残りの九五パーセントは消えてなくなるという。教会と会社は違うが、ともかく百年という長い間続いてきたのは、ありがたいことである。どうして、これだけ長く続くことができたのだろうか。

率直にいって、それは低い心、たんのうの心があったからだと思う。

初代会長・小林《こばやし》せい先生は、子宮がんで無い命をたすけられ、喜びの中で布教に専心された。しかし、前歴が花柳界《かりゅうかい》にあったことから、会長の認可がなかなか出なかったという。布教を始めてから会長となるまでに、なんと二十年。その間に報徳分教会の基礎を造られた。

二代会長・飯島保次郎《いいじまやすじろう》先生は、初代会長の出直し後、教会内が治まらず、事情整理のために大教会から派遣されてまとめられた。

三代会長・岩月徳松《いわつきとくまつ》先生は、事情整理後の教会復興のために、有名無実となった教会に新しい土地を求め、教会建物の普請をされた。

七代会長・長谷川《はせがわ》なか先生は、第二次大戦後、焼失した教会建物を、乏しい物資を集めて復興された。

九代会長・北川喜三《きたがわきぞう》先生は、大教会から事情整理のために派遣され、十年間お務めくださった。高齢の身で、務めを終えられたときは、実に八十三歳であった。

全部を書ききれないので、とびとびに書かせていただいたが、現在で十代目。百年近くという長い間、何回も倒れそうになって、現在があることを思う。

もう終わりだ、もうだめだ。そう思われたときも、たびたびあった。教会の土地・建物の双方を失ったことが二度もある。報徳分教会の名称はあっても実体がなくなった。責任者である会長さんは、どんな思いであったろうか。事情整理というのは、教会内が治まらない非常事態であるが、それが四回。信者さん方も、さぞ大変だったであろう。

いま、おかげさまで立派な教会普請もでき、教会活動も一手一つに、賑《にぎ》やかに勇んでつとめさせていただいている。諸先輩、先生方のご苦労、ご尽力の賜物《たまもの》である。

特に、私が知っているのは先代の北川先生であるが、高齢の中、御用を果たさなければという責任感いっぱいで務められていた。自分のものは何も買わず、どんな中でも黙々と歩まれていた。

一代一代の地道な日々の通り方の積み重ねの中に、百年という報徳の歩みがあった。

おさしづに、こうある。

人の力を借りて為《な》すようでは、天の理とは言えん。（明治33・9・24）

人間の考えでは、もうだめだ、施す術《すべ》がない。長い間にはそういうときが必ずある。他人の力を借りたい。あの人がこうなってくれたら、この人がこうしてくれたら。人間の悲しい癖《くせ》であるが、人を責める心、求める心が強く働きやすい。

そんなときこそ、天の理をよく思案したい。

〝つなぎ〟のご守護は、くにさづちのみこと。亀の心、低い心である。倒れそうなときでも、重心が低ければ倒れない。低い心で黙々と歩めば、つながってくる。そのうち、日の目を見るときが必ず来る。

人間思案で通れない道は、神様にもたれて通らせていただくのである。会社が危ない、倒れそうだ。そんなときは気が気ではないが、起き上がり小法師を思い浮かべて、低い心、たんのうの心で、つながせていただきたいと思う。

会社も財産も、みな借りもの

自分の身体《からだ》は自分のものと思っているが、本当はそうではない。生まれるときに貸していただいて、死ぬときに返させていただく。借りものだから、必ず返さなければならない。

身体が自分のものでなければ、当然、自分の家族も、家も、会社も、立場も、みな神様からの借りもの。そんな謙虚さの中に、お道らしい生き方がある。

この「かしもの・かりもの」の教理は、お道の基本として、陽気ぐらしには欠かせない教えだと思う。

自分のものと思えば、貸し主である神様の思いなど、どこ吹く風。自分勝手に、わがままが出る。その結果、思いもよらず、会社も家族も、そして身体さえも神様の元へ返さなければならないことになる。

会社が危ない、自分の立場が危ない。そういうときは、神様が「返してくれ」と催促されているときなのである。借りものの使い方に誤りはなかったか、よくよく反省させていただきたい。

精神身体医学の創始者、ハンス・セリエ博士は、いろいろな実験結果から、不足不満の心、イライラするストレスが、身体によくないと科学的に証明した。そして、病気にならないための心づかいとして「感謝の心」を提唱した。

お道では、貸し主である神様のお心から判断する。

貸し主の神様からすれば、感謝の心で使ってくれれば、貸しがいもある。しかし、不足不満の心では、もう返してもらおうということになる。身体も、家族も、会社も、立場も、みな同じこと。とにかく喜んで、感謝して使わせていただきたい。そうすれば、長く貸していただけるのである。

「かしもの・かりもの」と大いに似た考えをもった世界的実業家は多い。

アメリカの代表的産業資本家のカーネギーは、富について「神からゆだねられた神聖なもの」との信条をもっていた。だから、巨大な富を得ても、勝手な使い方は決してしなかった。カーネギー財団を創設し、カーネギー工科大学の設立をはじめ、図書館、科学研究、社会事業など、人類向上のための事業に巨額の資金を投じた。

莫大《ばくだい》な富を獲得したからそういうことができたのだと、ひがんだ思いも湧《わ》いてくる。しかし、見方を深めれば、富についての無私の信念が、人類史上まれにみる富を得させたともいえよう。

同じようにロックフェラーは、無一文から世界一の巨額の富を手に入れた伝説的人物である。三十代という若さで百万ドルを手に入れ、そして四十代で、自ら創設したスタンダード石油会社を世界に誇る巨大企業に成長させた。しかし、残念ながらその後、病気になり死の淵《ふち》をさまよった。その中で、莫大な富を人類の幸せのために使う生き方に大転換したのである。「世界を通じて人類の福祉を増進すること」を永遠の目的として、ロックフェラー財団をつくり、シカゴ大学の建設に尽くし、十二指腸虫症・マラリヤ・黄熱病などの治療をはじめとする医学研究に、社会事業に、多大の貢献をした。そして、実に九十七歳の長寿を全うしたのである。

この世界の中心は人間ではない。中心は神様である。神様を見失い、この世の中心を失うと、そこに自己中心的な人間のわがまま、傲慢《ごうまん》さが現れてくる。その結果、混乱、病、患い、災難が起きてくる。

身体も、富も、会社も、自分のものではない。神様からの借りものである。身体を返すとき、長年一緒に連れ添った人を失うとき、会社や立場を失うとき、その悲しみの深さを知る。

ならば、謙虚さを忘れず、貸し主の思いに沿った使い方をさせていただきたい。陽気ぐらしを望まれる神様の思いをよく心に刻んで、使わせていただきたいと思う。

そして、もう一言加えるならば、借りものは必ず返すときが来る。返すときは悲しんでばかりいないで、できれば、長年貸していただいたお礼の心、感謝の心を添えて、お返しさせていただきたいと思う。

経営の危機を越えて

ある高校はその昔、経営に行き詰まり、廃校寸前であったという。

経営の任に就かれたK氏は、校長として赴任すると、まず便所掃除を始められた。早朝、学校の先生方が来る前に毎日、トイレを掃除されたのである。

トイレ掃除は、生徒か用務員の人の仕事である。学校の先生で、トイレ掃除をする人はほとんどいない。そんな中で、学校で一番偉い校長先生がトイレ掃除を始めた。Ｋ氏は、熱心なお道の信者であった。だから、何の抵抗もなくお道の教えのままに、低い心で陰の伏せ込みの道を歩まれたのであろう。

校長先生の早朝の掃除は、いつしか人の知るところとなり、その真実にやがて、みんなの心が寄るようになった。そして、校内に一手一つの明るさが生まれ、だんだんと素晴らしい高校へと生まれ変わっていったのである。

大手の学習塾に勤めていた方に聞いた話であるが、いま、その高校へ入るのはとても難しいという。それほど有名な進学校として栄えるまでになった。現在は、Ｋ氏のご子息が校長として後を継ぎ、お道のうえでも教会長として活躍されている。

学校では、知育ももちろん大切である。しかし、心を育てることこそ、人間教育の最も重要な急所だと思う。学校経営の危機を見事に乗り越えた素晴らしい例であるが、さすがお道の人らしい苦難の越えられ方だと、感服させていただいた。

ものの考え方、発想、そういうものが、倒れていくか起き上がってくるか、いざというときの大きな分かれ道になる。日ごろからお道の考え方、生き方に、大いに親しみたいと思う。

生きがい

苦労を楽しむ心

元気潑剌《はつらつ》と活躍している人を見ると、いいなあと思う。

この世の中、当然、楽しいことばかりではない。苦しいことばかりでもない。なのに、いつも楽しそうな人と、いつも不足不満の人がいる。

いったい、なぜなのだろうか。それは、苦労を受け入れる心があるか、あるいは苦労から逃げ回っているか、そこに原因があるように思う。

人生には、山もあれば谷もある。上り坂もあれば下り坂もある。晴れの日もあれば雨の日もある。天と地、男と女、陰と陽、プラスとマイナス。「二つ一つが天の理」と聞かせていただくように、楽しいことと苦しいことも、二つ一つで成り立っている。だから、苦労から逃げれば苦労が追いかけてくる。苦労を追いかければ楽しいことが寄ってくる。そういう仕組みになっているようである。

単独布教といえば、何といってもお道の花形である。住むところも何もない、身一つから布教に歩いて道をつける、最も孤独で、厳しい布教方法である。その単独布教から堂々たる教会をつくられ、ご本部の最重要職である本部員にまでなられた先生の教会へ行かせていただいたときのことである。

親孝行一筋の会長さんと、元気者の奥さんの絶妙のコンビで、六百人のよふぼくを育てられたのであるが、その奥さんが、こんなことを話された。

「お道はね、苦労が財産、苦労が宝なのよ」と。

食べるものがなく、水を飲んで空腹を満たした日が何日もあった。いくら歩いても布教の成果は表れず、やめようと思ったことが幾度もあった。そんな苦労の道中を、いつもは冗談交じりに楽しく話されるのであるが、「苦労が財産」という言葉は、つい口をついて出た本心、信念のように思えた。

ともかく私の目には、苦労を追いかけて、御用を追いかけて、重荷を探し回って駆け抜けた半生のように映った。

苦労を追いかける、苦労を楽しむ。そんな人には、苦労が逃げて、楽しいことばかりがやって来るようである。

おふでさきに、こうある。

いまのみちいかなみちでもなけくなよ
さきのほんみちたのしゆでいよ
（三　37）

先に楽しみがあれば、どんな道中でも苦労が苦労でなくなる。むしろ、その苦労が楽しみになってくる。そこに、生きがいが生まれてくるのではあるまいか。

『脳内革命』という本が話題を呼んでから久しい。その主要テーマは実に単純で、一言でいうと「喜びを感じると脳内モルヒネが出て、それが健康にいい」ということである。だから、どんな中でも、楽しく喜んで通るようにという。

その本の中に、大変興味深い内容があった。

楽々の喜びや単なる快感よりも、勇んで苦難に立ち向かうときのほうが、より多くの脳内モルヒネが分泌《ぶんぴつ》される。喜ぶことは実にいいことであるが、苦労のない喜びより、苦労のある喜びのほうが素晴らしいということである。

健康にいいということは、神様が、そういう苦労から出る喜びを一番望んでおられるのであろう。

苦労を楽しむ心で、生きがいをもって歩む。そんな歩み方をしたいものと思う。

続ければ生きがいが生まれる

「やりがいがないから、転職したい」

「仕事がつまらないから、やめたい」

こんな相談を受けることがあるが、そういう場合は必ず、続けるようにと言わせていただいている。なぜかというと、転職しても必ずといっていいほど、また「やめたい、転職したい」と言うようになるからである。

ほとんどの場合、職場の人間関係や、仕事の内容だけが問題なのではない。その人の生き方、考え方、心の澄み具合に問題があるのである。

ほんのちょっとしたことでも、続けると、やりがい、生きがいが生まれてくる。報徳分教会の教会報『報徳』が、三五〇号になった。第一号を出させていただいたのは会長になって二年目であったから、約三十年、毎月書かせていただいている。

読み返してみると、手書きの文字が読みづらく、内容の恥ずかしいものもある。しかし、その月その月の、自分としては一番心に感じたことを書かせていただいたので、あんなこともあった、こんなこともあったと、それぞれに懐かしい。

にをいがけ用の小冊子『天の理』を出させていただくようになって、教会報はもうやめようかと思った。しかし、続けていると、なかなかやめられない。愛着が出てくる。楽しみになってくる。読むほうは大変かもしれないが、書くほうはだんだん、生きがいになってくる。

日本橋部内の老会長さんで、毎朝二時に起きて、暗い夜明け前の道を、駅前から教会まで掃除している方がおられた。九十歳近くまで、三、四十年は続けておられたようである。

温厚な中に、芯《しん》がある。目先の欲得だけでキョロキョロする人には見られない、風格と人間の深みがある。いい意味での落ち着きを感じさせるところがあった。

その老会長さんは、私が修養科に入らせていただいたとき、詰所の世話人先生として、いろいろと教えてくださった。そんな訳で、お会いさせていただくと懐かしくて、よく話をさせていただいた。その話の中でも、夜明け前の掃除のことになると、実に楽しそうに話されるのが常であった。やはり、長い年月続ける中に、生きがい、楽しみが湧《わ》いてくるようである。続くことこそ楽しみの元である。

おさしづに、こうある。

さあ〳〵これだけの荷持てば何《なん》にも案じる事は無い、と言うて世界の道。さあ〳〵重荷を持てば途中で休まんならん、軽い荷を持てばすうとすうと出て行ける〳〵。……重き荷は一寸《ちょっと》持たんようにして、いつまでも〳〵続く理がある。その心得で諭してくれるよう。（明治21・10・10）

続かないのには、それなりの理由がある。ほとんどの場合、欲のかきすぎである。身軽なほうが身動きが楽で、続くようになる。

また、最初は大きなことより小さいことに心を込めて始めたい。だんだんと天然自然に成り立つ道を楽しむ。そんな中に、続く元があろう。生きがいこそ、誰《だれ》にもあってほしいものと思う。先を楽しみに、少しずつ、少しずつ、生きがいを育てていきたいと思う。

生きがい、さまざま

人生には、いろいろな生きがいがある。いいなあと思う生きがいがある。また、こういう生きがいは嫌《いや》だなあというものもある。生きがいは十人十色、できれば明るく、誰もが喜べるような生きがいであってほしいと思う。

いままで見たり聞いたりした中で、「親の悲しむ姿が私の生きがいでした」というのには驚いた。

そう言ったのは、以前にも書かせていただいたが、高校を中途退学して修養科へ入ってきた十七歳の少年である。親孝行が生きがいだというのなら分かるが、親不孝が自分の喜びだという。なんとも暗く、複雑な心の内を見たような気がした。修養科を修了するときには、「これからは親孝行をします」

と涙ながらに語っていたが、いまは実行されていることを祈るばかりである。

また、長引く不景気のせいか、ホームレスの人をよく見かける。そんな世相の中、体格ばかり良くなって心の貧しい少年たちが、「おやじ狩り」と称して、公園で休んでいる弱そうな大人をいじめ回す事件があった。いじめて死なせてしまったという記事さえ出ていた。何という残酷な遊び、楽しみ方だろうか。それが生きがいではないだろうが、昔は見られなかったことである。

「物が豊かになれば、心が貧しくなる」と聞く。物も人も粗末にするような、そんな殺伐《さつばつ》とした心も現れてきた。飽食の時代といわれる現代、喜び方、生きがいに間違いはないか、問い直してみたいと思う。

最近はお年寄りが多くなったせいか、老後の生きがいのために、カルチャースクールやゲートボール場などの設備も、至る所に出来てきた。老人のための歌謡教室に通いだした人が、初めて人前で歌って嬉《うれ》しそうにしている様子を見たとき、生活にもゆとりが出てきたようで、とても良いと思った。

年を取って、何もせずボーッとして毎日を過ごすようではもったいない。

特に、老人の認知症が社会問題として大きく取り上げられてきたが、何か楽しみをもつ、生きがいをもつことこそ、ボケ防止にもなろう。

年を取っても、ゲートボールどころではない。自分が楽しむよりも、人の喜ぶ姿が楽しいし、嬉しい。そういって、八十歳を過ぎても仕事をする。人が喜び、人がたすかる御用をする。神様の御用をする。そうなれば、もう言うことはない。そういう人こそ、本物の生きがいをもった人といえるのではあるまいか。

日本橋大教会の機関誌に毎月、「幸せを求めて」という連載を書かれていた堀越《ほりこし》先生は、天理教校本科で教学の勉強をされ、以来、六十年以上にわたって、教祖の残されたお言葉、先輩先生方の残されたお言葉をコツコツ集め、ノートに分類し研究されていた。その分量は大変なものである。九十歳近くまで原稿も書き、いろいろな教会にも話をしに行かれていた。実に生きがい、やりがいをもっていた先輩といえよう。

また、大教会では、目の不自由なYさんが毎日、電話当番をされている。Yさんは、若いころは少しは見えたが、いまでは全く何も見えない。目が見えないということは、どこへ行くにも不自由である。何かしようと思っても、できる仕事はほとんどない。そんな中で、神殿の横にある放送室で毎日、電話当番をされている。

電話当番は、目が見えなくてもできる。元気な青年がじっと座っているのはなかなか容易でないが、Yさんはそれができる。おまけに記憶力がいいので、びっくりするほど多くの電話番号を覚えている。電話帳を調べなくてもすぐ分かるので、みんなから大変喜ばれている。

また、Yさんには作詞の才能があり、いろいろな歌を作る。時折、結婚式に若い二人の門出を祝して歌を作ったり、教会の記念祭や奉告祭に「〇〇分教会の歌」と、心のこもる歌を創作したりしている。祝福の歌は、当人だけでなく、喜びの輪を大きく広げ、心の温まる思いにさせる。目が見えなくとも、やる仕事はいろいろあるものである。

「親神様は陽気ぐらしを楽しみに、この世と人間を創造された」と聞かせていただく。お年寄りも、身体《からだ》の不自由な人も、どんな人でも心一つで生きがいは生まれてくる。それぞれが生きがい、やりがいをもつようになったら、どんなにか喜びの日々になることだろうと思う。

上司に信頼される

晴天の心

晴天の心と曇天の心。大きな違いであるが、その原因はどこにあるのだろうか。

雲がなければ明るい晴天、雲がかかれば薄暗い曇天。つまり、上の人とスムーズにいっている人は、さえぎる雲がなく心は晴天、上の人とぎくしゃくしている人は、雲がかかって心は曇天。難しく考えずとも、自然のありさまを見れば心に治まるものがある。

上とか下とかというと時代錯誤のように取られるかもしれないが、現実の世界には、先輩と後輩、上司と部下など、どこの店にも会社にもある当たり前のことである。

上司とうまくいく人は、ともかく幸せといえよう。なぜなら、仕事は、部下から来たり同僚から来たりすることはない。必ず上司からやって来るからである。仕事の流れてくる源である上司とうまくいくようになれば、仕事がスムーズに進む。仕事自体が楽しくなってくる。

逆に、上司とうまくいっていない人は、実に悲惨《ひさん》である。仕事の流れがぎくしゃくするから、面白くない。やる気が出てこない。そして、仕事そのものが嫌《いや》になってくるからである。

さて、おさしづにこうある。

何でも親という理戴《いただ》くなら、いつも同じ晴天と諭し置こう。

（明治28・10・24）

一代で大教会をつくられた柏木庫治《かしわぎくらじ》先生は、「いつも晴天うた心地」と、実に愉快に活躍されていた。そんな明るい心で日々を過ごしたいと思うが、その柏木先生は、どんな通り方をされていたのかというと、「親孝行が一の宝」と、親に孝行し、理の親にも尽くして運んで、とにかく立てきって通られていた。なにしろ親孝行に関しては、徹底した人であった。

私が学校を卒業し、お道一条で通らせていただこうと心を定めていたころの話である。あるとき、柏木先生に、お道の組織についての疑問を投げかけた。すると即座に、「君、天理教の組織の犠牲になることだよ。分かるかね」と答えられた。

「組織の犠牲に？」

私は、上下関係の窮屈さ、組織の複雑さが納得できず質問したのに、返ってきた答えは、さらに心を逆なでするようなものであった。

そのころ、柏木先生といえば全教に名を響かせた大先生である。その迫力に押されて、私はハイハイと聞くのみであった。いま考えれば、私は学校を卒業したばかりで、まだまだ世の中を知らなすぎたのである。先生は、そんな青年の特性をよく見抜いていた。自分中心で、主張ばかり多くて、仕事はまるでダメ。そんな自分であった。上の者や他人の批判ばかりしていて、自分自身が分かっていなかったのである。

組織の犠牲というと、聞こえは悪い。しかし、その通り方こそ、柏木先生ご自身の通られた道でもあった。誰《だれ》から見ても、お道のため、理の親のためと、自分を捨てきって走り抜けた生涯であった。そして、それが、一代にして大教会をつくられた元であり、晴天の心の元でもあったのである。

誰でも、晴天の心で通りたい。愉快に、楽しく、陽気に通りたい。そのためにはいったい、どうしたらいいのか。くどいようであるが、その第一は、上司に心を合わせることではあるまいか。

なかなか合わせにくい上司もいる。

気配りのできない、怠け者の無能型上司。

わが身わが家、身内や気の合った者ばかりをかわいがる、えこひいき型上司。

部下が一生懸命頑張ってできたことを、手柄顔で自慢する高慢型上司。

その他いろいろあると思うが、そこは部下としての知恵の出しどころである。

「無能型上司」なら、その分、自分が働けばいい。あまりうるさいことは言わないからやりやすい。

「えこひいき型上司」なら、気に入られるように努力したい。気に入られるだけで、仕事が実にスムーズにいくようになろう。

「高慢型上司」なら、どんどん自慢させてあげたらいい。その分、自分は陰の働きができるから、徳が積みやすくなろう。

ともかく、仕事は間違いなく上司からやって来る。頭の上に雲がかかって、曇天の心になってはつまらない。心を沿わせて、心をつないで、いつも晴天の心で通らせていただきたいと思う。

立てば立つ

学校の先生といえば、昔は「三尺下がって師の影を踏まず」といわれるほど尊敬され、大切にされた。しかし、昨今はどうか。

先生が生徒の暴力に怯《おび》えている。先生が話していても、子供たちが勝手に話をして授業が進まない。昔にはとても見られなかった光景を、授業参観でも見、人から聞きもする。そんな学校内の混乱の中で、校内暴力、いじめが広まっている。

先生ばかりではない。お父さんといえば、昔は大黒柱として一家の中心的役割を果たしていた。ところが、いまはどうか。

何年か前に『いまどきのお父さん』という題のテレビ番組があったが、誠に気の毒そのものであった。

「一生懸命に働いても、家庭に帰ると居場所がない」

「家に帰っても、妻や子供たちが話をしてくれない」

なんとも情けない愚痴《ぐち》をこぼすお父さんが次々と出てきた。

おまけに、老いれば「粗大ゴミ」「ぬれ落ち葉」などと、ますます相手にされぬ。強い奥さんと勝手な子供の天下で、お父さんの帰宅拒否症も無理もないと思えた。

一家の大黒柱、中心を失い、統制力を失った家庭で、着実に家庭崩壊や家庭内暴力が広まっている。

社会全体が平等を強調するあまり、大切なもの、立てるべきものまで無くしてしまった。そういう風潮が広まっている。何も、先生やお父さんの味方になるつもりは毛頭ない。しかし、すべてのものには中心がある。中心があるところに治まりがある。それを忘れてはなるまい。

会社では上司が、いわば働くグループの中心である。立てるべきものは立てる。そこに、どの課も、どの部も、治まりと明るい活発な活動がある。

時折、否《いな》、かなりの頻度で、会社で働いている人から、やる気のない困った上司についての相談を受ける。その場合、必ず「上司を立てて通ってください」と言わせていただいている。

昔は、年上の人、先輩、立場が上の人という見方があった。そういう見方がいいか悪いかは別として、立てるべきものをもっていた。しかし、いまはめちゃくちゃである。大切にすべきもの、立てるべきものがない。しいて言えば、行動の基準は自分中心のわがままな欲望、それのみである。その結果、家庭や学校と同様、会社でも混乱が起きている。

おさしづに、こういうお言葉がある。

立てば立つ、倒《こ》かせば倒ける。これ一つ天の理という。

（明治25・2・20）

立てるべきものを立てる。だから、自分が立つことができるようになる。そういうことである。

宇宙を見渡せば、太陽の周りを地球が回り、地球の周りを月が回る。小さくは、原子核の周りを電子が回る。存在するものは、すべて中心があることで調和を保っている。

自分のわがままを捨てて、理を立てる。自分の都合を捨てて、上の者を立てる。それは、窮屈でばかばかしいように思える。自分の存在が無くなるように思える。つまらないように思える。しかし、結果はまったく逆である。

理を立てる人は、多くの人の信頼を得て、神様にも守られて、自分の身が立つようになる。上の者を立てる人は、上司の信頼を得て、仕事のうえで広く大きく活躍できるようになる。

目先の損得、自分のわがまま、誰でもそういうものに流されやすい。何が自分の幸せにつながるのか。「立てば立つ」とのお言葉を胸に、先を楽しみに通らせていただきたいと思う。

上司の忠告は最後の砦

私の上司は実の長兄、そして次兄である。誰からも「兄弟仲がいいですねー」と言われる。

子供のころから一緒だから、何でも相談ができる。また、お互いにお道一筋で、目指すところが同じだから、共通の問題意識も多い。上司と部下は、何でも話ができる、目差すところが同じ、これが一番大切なところであろう。そういう訳で私は恵まれているから、残念ながら、上司とうまくいかない人の相談には向かないかもしれない。それでも自分の体験が一番分かりやすいので、ともかく参考に書かせていただきたいと思う。

私が報徳の会長のご命を頂いたとき、教会の土地は借地で、建物は先輩先生方のご苦労の結晶ではあったが、戦後の物資不足の折に建てられたもので、雨漏りがひどく、相当傷んでいた。

現在は、信者さん方の大きな真実のお心寄せを頂き、土地も教会所有、建物も堂々たる三階建ての立派なものとなった。大勢の信者さん方が、着るもの、食べるものを節約してつくしてくださったおかげと、いつも感謝させていただいているところである。

この発端は、上司である大教会長様からのお声であった。土地の件も、建物の件も、私が言い出したのではない。まったく寝耳に水のような話であった。いま考えれば、お声があればこそ始まったと、ありがたさでいっぱいである。

ありがたい上司の条件とは、優しいばかりではない。時には、自分の欠点を厳しく注意してくれる。そこに、本来の上司のありがたさがあろう。

もう二十年も前のことであるが、教会の事情で大変に困ったことがあった。お道では、どんなことが起きても、わが身の反省として受け取る。人を責めるより、まず自分を変える道を歩む。ところが、「あれが悪い、これが悪い」と、批判ばかり言う人がいた。そしてその人は、「お互いに批判をし合い、相手を責め合う中に、教会も良くなっていくのだ」と、まるで自分の都合ばかりを言う世間のやり方がいいかのように主張するのである。

困って、教会の世話人である次兄に相談した。すると、「親不孝されるというのは、自分では親孝行しているつもりかもしれないが、神様の目から見たら、まだまだ足りないのだよ」と諭された。

私は、大教会へはどんな中でも日参し、毎朝、境内の掃除をさせていただいていた。大教会長様の言われることは、どんな難事でもさせていただいたつもりであった。しかし、その私を「親不孝者だ」という。

納得しにくいところであったが、ともかく、毎朝の境内の掃除をもっと丁《てい》寧《ねい》に、もっときれいに、大教会の境内には一つのちりもないようにと、心を込めてさせていただいた。やがてありがたいことに、教会内に批判する風潮が消えてきたのである。

当時のことを考えると、砂を噛《か》むような人間関係の中で悩んでいる人の気持ちがよく分かる。それとともに、行き詰まったら自分の正しさばかりを主張しないで、信頼できる人に相談してみることの大切さを思った。

教会長になって初めて修養科生のご守護を頂いたときも、「毎日、何をやっているのか！」という、理の親の厳しい忠告が元であった。

また、大教会の詰所普請のときには、「おつくしはどうした！」と苦言を言われて、一生懸命させていただいているうちに、だんだんとおつくしができるようになってきた。

自分の欠点は自分では分からない。そのために親があり、上司があるということではあるまいか。

親不孝の人はたすからないと、よくいわれる。それは、自分中心で、わがままで、反省のできない人だからである。反省の最後の砦《とりで》である親、上司は大切である。その大切さをゆめゆめ忘れずに、しっかり心に刻んで通らせていただきたいと思う。

部下に慕われる

大きい心は八方という

あるとき、真面目《まじめ》な青年が相談に来た。それは、次のような内容であった。

「部下をもったが、思うように働かない。自分をばかにする。自分でコツコツ仕事をするのは好きだが、人を使うのはとても難しいし、自分には向いていない。ノイローゼになりそうだ。いっそのこと会社をやめようかと思うが、どうしたらいいだろうか」

私自身も、日本橋大教会の青年会委員長として、少年会の団長として、また、報徳分教会の会長として務めさせていただき、思うように指導力が発揮できないことも、たびたびあった。だから、上に立つ者の悩みはよく分かる。

そこで、こんな話をさせていただいた。

「人の上に立つには、上に立つだけの資格が必要です。入れ物が小さくては、中にいる金魚も住みづらくてしょうがない。大きな心になりましょう」と。

だいたい、真面目一本槍《やり》のような人が上に立つと苦労するようである。真面目というと良いようであるが、きちんとしようとする半面、小さくなりやすい。その小ささが気に障《さわ》って、部下が言うことを聞かなくなる。

私の青年会委員長時代、ある老齢の会長さんがこんな話をしてくださった。「青年会は若いから、わがまま勝手の人もいるだろう。馬の手綱は長くして、手元をしっかり持っていることだ」と。

私は、どちらかというと堅くて真面目なほうである。だから、任された仕事は一生懸命する。人も多く集めたい。内容もきちんとしたい。ところが、中にはそんなことどうでもいいと思っている人もいる。また、自分がリーダーシップをとってやりたい者もいる。さまざまな思いの者が寄り集まっている中で、ぶつかることもいろいろ出てくる。

不満分子が批判をする。皮肉の一つも言う。そんなとき、自分の真面目な堅さや小ささが引っかかる。どうでもいいことが、心の傷として残る。ムッとして、つい言った言葉が雰囲気を壊したり、人間関係をイライラしたものにしたりしていたようである。

みかぐらうたに、こうある。

むごいこゝろをうちわすれ
やさしきこゝろになりてこい
（五下り目　6）

てをどりでは「むごいこゝろ」は押さえの手、「やさしきこゝろ」は大きな丸い円を描く手である。その手振りからすると、むごい心というのは、おまえは黙っていろと押さえつけ、当人の思いも悩みも言わせない、そういう心であろう。やさしき心というのは、許して、抱えて通る、大きな丸い心であろう。

上司になって、部下の者に慕われたいと思うならば、押さえつけるのではなく、大きな心で抱えて通る。そんなことを心に刻んで通らせていただきたいと思う。

また、大きな心というのは、分かっていてもなかなか作れない。それには、むだ働き、空働きをさせていただくことだと思う。

重荷を引き受けて、どんどんさせていただく。時間の許す限り、体力の許す限りさせていただく。動かない人を動かすのはしんどいが、自分が動くのは楽々にできる。自分が動く中に、だんだんと大きな御用をさせていただくようになる。心もひと回り、ふた回りと大きくなってくる。自分の心が大きくなれば、自然と周りの者も育ってくるのではあるまいか。

報徳分教会の玄関に、「大きい心は八方という」と書かれた手ぬぐいが飾られている。神殿普請のとき、もっと大きな心にならなければと、その手ぬぐいを頂いたのである。大勢の力を結集することが大切なときだったので、よい勉強になった。

そのお言葉の後は、「小さな心では、にっちもさっちも行かんようになるで」と続く。親という立場になったら、上司という立場になったら、大きな心を忘れずに通らせていただきたいと思う。

竜頭が狂えば、みな狂う

上司は、周りの者から立てられる。会社なら社長、部長と立てられる。学校なら先生、先輩と立てられる。なぜ、立てられ、大切にされるのか。

上司という立場にあるからだ、などと考えたらとんでもない。それは、責任が重いからである。みんなのために心を配り、骨身を削って精いっぱい尽くす。その真実に対して、周りの人たちが温かい心をもって迎えてくれるのである。

先日、ある本の広告の中で、日本の風潮としてこんなことが書かれていた。「日本の社会には、内・外という考え方がある。他人の中では争って席を求めるのに、その同じ人が、自分の上司が来ると、いくら疲れていても喜んで席を譲る。そんな滑稽《こっけい》さがある」

西洋の個人主義の考えからすれば、日本の社会は縦の関係が強く、見るからに滑稽である。バカバカしくておかしいと言いたいのであろう。なかなかおもしろい分析で、多くの人の興味をひいたことと思う。

しかし私は、単に日本は滑稽だという、そんな単純な問題ではないと思う。むしろ、西洋かぶれの考えこそ、現代の混乱を生んでいる元凶ではあるまいか。

後進国であった日本が、アメリカやヨーロッパの先進国に、なぜ追いつき、追い越す勢いで進んできたのか。多くの学者が、二十一世紀は日本の世紀とまで言うようになったのか。それは、西洋の個人主義に対して、日本の集団主義も見直されなければならないという証拠ではなかろうか。

何ごとも、バラバラでは力が出ない。一つにまとまらなければならないのである。一つにまとまるためには、必ず中心がなければならない。そして、中心が大切にされなければならないのである。

繰り返しになるが、なぜ上司は大切にされるのか。それだけ重要だからである。

おさしづに、こうある。

一つ竜頭《りゅうず》という、竜頭が狂うたら皆狂うで。狂わずして、日々嬉《うれ》しい〳〵通れば、理が回りて来る。なれど、こんな事では〳〵と言うてすれば、こんな事が回りて来る。回りて来てから、どうもなろうまい。取り返《かや》しが出来ん。よく聞き分けてくれ。（明治34・7・15）

このおさしづは、山名《やまな》大教会初代・諸井国三郎《もろいくにさぶろう》先生に出されたものである。

皆を治める長という立場になると、自分が狂ったら配下にある者のすべてが狂ってくる。その自覚と責任感の大切さをいわれたうえ、ともかく喜んで通るようにと諭されている。誰にとっても感謝の心、勇む心は大切であるが、特に上に立った者は身につけたい。

上司である根が勇んだら、必ず枝葉は繁《しげ》り、栄える。逆に、上司である根が腐ったら、必ず枝葉は枯れる。上の立場になったら、いずんでいては困る。喜んで、勇んで、明るく通らせていただきたい。それは、自分のためだけではない。周りの人たちの励み、勇み、明るさのためである。

では、上司である自分が明るく喜べないときは、どうするか。自分の根である自分の上司を勇ませれば、自分が勇めるようになる。上司がおられない場合は、すべての親である神様の御用をさせていただけば、だんだん心が勇んでくるということである。

おふでさきにも、こうある。

をやのめにかのふたものハにち〳〵に
だん〳〵心いさむばかりや
（十五　66）

上司になって部下から慕われたいと思ったら、ともかく勇んで、喜びの心を忘れずに通らせていただくことである。

冬の金魚

部下に慕われない、部下にばかにされる。これほどの悩みは、ほかにあまりないのではないかと思う。手足をもがれて、仕事をするようにといわれているようなものである。

私もいままで、いろいろな御用をさせていただいたが、恥をかいたり、失敗したり、さまざまである。少年会日本橋団の団長をさせていただいたときも、いい勉強をさせていただいた。

だいたい私は青年会向きで、少年会にはあまり向いていない。「良い子のみなさん、コンニチワー」などと、子供向けの話は苦手なのである。キャンプで子供たちを相手に、ワイワイガヤガヤやるのもいいが、若者同士が集まっていろいろと議論するほうが性に合っている。

そんな訳で、団長の私が不向きなために、少年会の御用がうまく進まず、任期の終わりごろ、人間関係もぎくしゃくしてきたことがあった。会議をしてもまとまらず、練成会をしてもまとまらず、こどもおぢばがえりの受け入れをしてもまとまらず、みんなで親睦《しんぼく》の旅行をしてもまとまらず……。とにかく、何をしてもまとまりがない。

そういうときのまとめ役は、自分で言うのもおかしいが、かわいそうである。自分の思いが通らない。すべてがちぐはぐで、派閥《はばつ》のようなものができてくる。中には、反対のための反対を言う者が出てくるからやりにくい。手も足も出ない。そんな中で、じっと我慢の日が続いた。

そして、少年会の役が終わり、布教部の御用が回ってきたのである。寒い冬から春になったような喜びが、胸いっぱいに広がってきた。ほんの短い期間であったが、そういう難しさを経験できたことは、上に立つ者の苦労を知るという意味で、本当に良かったと思う。

時間が解決するということも、あるような気がする。

「冬の金魚」という話を聞いたことがある。冬の金魚は、氷の下で春が来るのをじっと待つ。そういうときは何をしてもだめなのである。じっと、じっと待つのみである。お道でいえば、ただただ「たんのう」の心で通るのである。

人間関係でうまくいかないときは、相手が悪いと思いやすい。そんな中で、相手を責めて、ますます感情的になり、傷口を広げていく。

みかぐらうたに、こう教えられている。

なんぎするのもこゝろから
わがみうらみであるほどに
（十下り目　7）

部下に慕われない、何をやってもうまくいかない。そういう期間は、自分を磨く時なのではあるまいか。ひたすら「たんのう」の心で徳積みに励みたい。ひたすら「ひのきしん」の心で徳積みに励みたい。その中に、時期が来れば周りの状況が一変する。冬の氷が解けて、暖かい春が来るのである。

お道の心が定まったら、あとは神様のなされるところである。凍りつくような寒い冬の後には、毎年毎年、必ず春が来る。花々が咲き、若葉が繁る、暖かい春が来るのを信じて、先を楽しみに通らせていただきたいと思う。

第三章

健康の幸せ

心の安定

心の不思議さ

「心」という字は一つも直線がなく、かなり変わった形をしている。まるで、青空にポッカリ浮かぶ雲のようである。心というものは、まさに捕らえどころがない。雲も、いつも変化して定まるときがない。

高杉晋作《たかすぎしんさく》が、「おもしろきこともなき世をおもしろく」と、辞世の句を詠《よ》んだ。下の句は、看病をしていた歌人・野村望東尼《のむらもとに》が、「すみなすものは心なりけり」とつけた。

同じ地球上に住んでいながら、一生を楽しく過ごす者もある。愚痴《ぐち》や不足を言いながら過ごす者もある。

心一つで、どんなことも現れてくる。

心一つで、どんなふうにも見えてくる。

人間の面白さは、そんな無限の深さの「心」にあろう。

さて、その「心」であるが、前述のように瞬時に変化している。仕事のこと、家族のこと、健康のこと、そんな目まぐるしい現実的なことから、十年先、二十年先のことまで、いろいろと思う。

ともかく、明日が明るく見えるならば、大変幸せな心の人といえよう。明日が暗い。明後日はもっと暗い。まるで希望がない。そうなったら要注意である。

それでも、先が心配だとか、暗いというだけならまだいい。心そのものが不安定になり、頭の中が真っ白になるという、そんな人がある。

元気なときは、とても明るくておしゃべりであるが、沈んでくると何もする気にならない。布団をかぶって寝ていたくなる。憂うつな気分が全身に広がる。周期的に、明るいときと、沈んだ暗いときがやって来る。落ち込む前は必ずおしゃべりになるので、そのことを知っている人は、おしゃべりになったら心配するのである。

ひどい場合は「躁《そう》うつ病」という。そのほか、自律神経のバランスがくずれる「自律神経失調症」もある。もっと困るのは、妄想や幻覚などの現れる「統合失調症」であろう。

心の病は、身体《からだ》の病よりずっと厳しい。身体は借りもの、心はわがもの。だから、心が病むのは、それだけ自分自身に迫った悩みということである。

私の子供のころは、精神病院に行ったことがあるという人は珍しかった。しかしいまは、状況がまるで違う。アメリカでは、定期的に精神科にかかっている有能なサラリーマンが大勢いるという。ご本部の修養科でも、心の病がきっかけで入ってくる人が何人もおられる。

どこの精神科の病院も大繁盛である。時代とともに、だんだんと精神的な病気が増加している。いったい、われわれはどう考え、どう対処していったらいいのだろうか。

精神・神経は親の理

親神様の十全の守護からすると、精神・神経の働きは、くにとこたちのみことをもたりのみことのご守護と教えられている。

この二柱の神様は、共に、この世の創造のときの元の神様である。であるから、心の病は、大ざっぱにみると親の理が欠けているといえよう。

心の不安定な人は、どういうわけか目上の人とぶつかりやすい。生みの親ともよくぶつかる。仕事の親、教えの親、理の親……、親と名のつく人とよくぶつかる。ともかく、そういう人が精神・神経の病気になりやすい。

心が不安定なときは、親や目上の人に対するあり方が良くないことを、神様が知らせてくださっていると悟りたい。

ならば、なぜ親孝行が大切なのか。それは、この世に生んでいただいた、育てていただいたご恩があるからである。ややもすると、自分一人で生まれ、大きくなったように思っている。そのご恩を感じない忘恩の人になってはならないからである。

また、精神・神経の病気の人は、心の高い人が多い。世間でも昔から、「心の病気は草鞋《わらじ》を自分の頭の上に載せると治る」といわれている。人さまの足の下に自分の頭を置けということであろう。

心が不安定なときは、ともかく〝低い心〟と〝親孝行〟の道。これがたすかる大切なポイントであろう。

かなり昔のことであるが、ラーメン屋さんで頭痛持ちの方がおられた。お医者さんでも治らない。そこで、お道の話を聞かせていただくこととなった。「頭の具合が悪いというのは、目上の人への反抗心、親不孝が原因です。親孝行して、親神様にしっかりご恩報じさせていただきなさい」とのお諭しを頂いて、以来、親孝行、ご恩報じ一筋に歩まれた。

少しぐらい頭が痛くても、教会の御用というと、ふらふらになりながらでも出てこられていた。日参も、四十年くらい続けておられたと思う。信心の道と共に、だんだんと頭痛のほうもよくなられた。その後、ラーメン屋をたたみ、教会長として頑張ってくださった。

その教会は、年限は浅いが、実に賑《にぎ》やかで活気がある。そして信者さんの中に、なんと頭の身上や、精神・神経の身上の方がかなりおられる。現在の会長さんをはじめ、信者さん方も実に親孝行で、素直な信仰の持ち主が多い。それぞれに親不孝のいんねん自覚が深く心に刻まれ、日々の信仰生活の中に生かされているのである。

初代会長が、親孝行一筋でご守護いただいた事実がある。その後ろ姿を見ているから心強い。初代会長は晩年、身体の具合が悪くても、よく大教会の神殿当番に来られていた。そこまでつとめられるその心こそ、素晴らしい手本といえよう。

精神や神経の病気は難しい。なかなか治らないので、精神科のお医者さんがノイローゼになりそうだ、との記事もあった。

現代の医学は日進月歩である。将来の展望では、ほとんどの病気が治るという。がんもきっと治るようになるという。しかし、心の病気、神経や精神の病気は、最後まで治らずに残るだろうといわれている。

ご恩を忘れ、自分中心でわがままになってきた現代。そんな時代だからこそ、親孝心の大切さを見直すときがやって来たと思われる。

朝の駅前掃除

以前、躁うつ病で入院した方のお見舞いに行かせていただいた。そのとき、患者さんが疲れきった顔で、こんな話をされた。

「心の病はもう嫌《いや》です。病院も、もうコリゴリです」と。

そこで、神様の話をさせていただいた。

「『やむほどつらいことハない　わしもこれからひのきしん』（三下り目　8）と教えられます。退院したら、朝の駅前掃除のひのきしんをさせていただきましょう」と。

その後、退院してから、夜明け前に最寄《もよ》りの駅までオートバイで行かせていただき、一緒にひのきしんをさせていただいた。毎朝の駅前清掃で、心がだんだん明るくなり、動作も機敏になってきて、半年に一回くらい寝込んでいたのが何年も寝込まなくなった。本人も喜ばれていたが、私自身も嬉《うれ》しかった。

人がたすかる、人に喜んでいただく。これほどの喜びは、そうはない。

ある世界的に有名な精神科医が、こんなことを言われていた。

「躁うつ病の人が、他人の喜びを考えられるようになったら、一週間で治る」と。

おふでさきには、こう教えられている。

わかるよふむねのうちよりしやんせよ
人たすけたらわがみたすかる　（三　47）

病気になると、誰《だれ》でも気弱になる。特に、心の病になると、自分のことにとらわれ、暗く陰気になりやすい。そんなときこそ、神様のお言葉を思い起こして、何でもいいから人の喜ぶこと、人のたすかることをさせていただいたらいいと思う。

報徳《ほうとく》分教会では、住み込みさんと共に毎朝、武蔵小山《むさしこやま》駅前から教会までの道路を掃除させていただいている。最近は、大教会への日参の時間を早めて、にをいがけの前に大教会の境内清掃やガラス拭《ふ》きもさせていただくようになった。

毎日、コツコツとさせていただく。長い時間はできないが、それぞれ三十分ぐらい、毎朝させていただく。そんな中から、少しでも低い心ができてくれば、計り知れないほど大きな収穫ではあるまいか。

みかぐらうたに、

みづのなかなるこのどろう
はやくいだしてもらひたい
（十下り目　３）

と、心の掃除を急《せ》き込まれている。心のほこりを払うこのお道の本筋をしっかり心に刻んで、澄んだ心を楽しみに通らせていただきたい。

話は少々くどくなるが、朝の駅前掃除は〝低い心〟になれるだけでなく、〝朝起き〟が身につき、精神・神経には大変いいと思う。私の経験からも、朝が起きられない人に、精神・神経の病気が多いように思う。

朝は一日の中心である。中心を外れると、その日が狂ってくる。一日のリズムが狂えば、身体のリズムも、心のリズムも狂ってくる。

早朝の駅前掃除、境内掃除を、いままでに何人もの人と一緒にさせていただいたが、ありがたいことに、実行した人はほとんど元気になられた。それは、〝ひのきしん〟もさることながら、朝早くに起きることが、精神・神経の病気には大変いいという証拠ではあるまいか。

もし、そのような病気で悩んでいる人がいたら、ぜひ実践し、お元気になられるようにお勧めさせていただきたいと思う。

交通事故なし

交通事故は心のぶつかり

四、五十年前と比べて、何が変わったか。経済成長と科学の進歩で世の中はすっかり変わったが、自動車が多くなったということほど変わったことは少ない。現代文明の象徴ともいえよう。

何といっても、車は大変便利でありがたい。しかしその半面、交通事故による被害は後を絶たない。日本だけで毎年、一万人近くもの人の命が失われている。けがをする人はその何十倍にもなり、悲しみの家族を加えれば、自動車事故の被害者は年間数百万人にのぼろう。交通戦争と呼ばれるゆえんである。

いったい、どんな点に気をつけたらよいのだろうか。

心は、すべて形に表れるものであるらしい。丸い心の人は丸い顔、角ばった心の人は四角い顔、繊細《せんさい》な心の人は細い顔の人が多い。「心一つからどんな理も出る」と教えられるが、顔だけ見てもなるほどと思う。そんなところから考えると、形の面で「ぶつかる」というのは、心がぶつかっているということではあるまいか。

交通事故で車をだめにしてしまった娘さんに、失礼とは思ったが、こんな話をさせていただいた。

「交通事故を起こす、ぶつかるというのは、心の中でひどくぶつかったものがあったでしょう」と。

すると、その娘さんが言うには、「その日はお誕生日パーティーがあったんです。楽しいはずのパーティーが、そうでなく言い争いになった。その帰り道で交通事故に遭《あ》ったんですよ」とのことであった。

対人関係でぶつかると、車でもぶつかることが多くなる。

私も交通事故を起こしたことがある。それは、学生時代の級友が保険の勧誘に来たあとであった。

私は大教会の青年づとめの身で、保険に入るお金などあるわけない。それなのにしつこく勧誘するものだから、つい心の中でイライラした。その保険会社の級友が帰ったあと、運転を頼まれた。そして、交差点を曲がるときに直進車と衝突して、大事故を起こしたのである。

交通事故は〝ぶつかる心〟に原因があるということは、自分の体験からも、なるほどと思う。

世間の人が交通事故を起こしたときは、「相手のミスか、自分のミスか」「原因は前方不注意か、スピードの出しすぎか、はたまた居眠り運転か」「修理代は誰《だれ》が払うのか」といった、目の前のことにとらわれやすい。しかし、神様はそのことを通して、何かを知らせてくださっているのである。

おふでさきに、

せかいぢうとこがあしきやいたみしよ
神のみちをせてびきしらすに　（二　22）

とあるが、よく反省させていただきたいと思う。

ぶつからないでおこうと思っても、心にほこりがあれば、そのほこりが引つかかって、どうしてもぶつかってしまうのである。人とぶつかっていては陽気ぐらしができないから、その心の反省を促すために、厳しい交通事故という理を見せてくださったのである。

どんな中でも、陽気ぐらしへと導かれる親神様の限りない親心を忘れずに通らせていただきたいと思う。

神の手引き

人とぶつかっていては、自分も傷がつき、ぶつかった相手も傷がつく。結局、どちらも陽気ぐらしができない。交通事故は、そんな〝ぶつかる心〟に対する反省の手引きといえよう。

人とのぶつかりを反省して、心の立て替えができれば、もう問題はない。しかし、それでも反省ができないと、また交通事故を起こすことになる。

車の保険に入っている人は、無事故だとだんだん掛け金が安くなる。なぜ安くなるのかというと、ぶつからない人はほとんどぶつからないからである。人によってぶつかる確率が全く違うから、保険の掛け金も違ってくる。要するに、ぶつかりやすいタイプがあるという証拠である。

さて、ぶつかってばかりで反省のない人は、また神様からお手紙を頂く。しかしそれは、交通事故に遭うばかりではない。神様の手引きは、だんだんと厳しいものになる。

私の学生時代からの友人で、若くしてがんで亡くなられた方があった。体格もよく、頭もいい。仕事をすると、リーダーとして活躍するタイプであった。しかし、少々元気がありすぎて、人とぶつかるところもあった。そんな中で、交通事故を起こした。そして、数年前にがんで亡くなられた。

いま考えれば、ぶつかる心が交通事故の元だったのかと思う。ともかく、この世の中は自分一人で生きているのではない。周りの状況をよく考えて、周りに喜んでいただけるような通り方こそ大切なのではあるまいか。

人間は、残念ながら先のことは分からない。神様は、陽気ぐらしをさせたいうえから、最初は小さなことからお知らせを下さり、そして分かるように、だんだんと大きなお知らせを下さる。優秀な人材であっただけに、惜しまれる人であった。

おふでさきにも、こうある。

はやく〳〵と神がしらしてやるほどに
いかな事でもしかときゝわけ
（三　30）

にんけんハあざないものであるからに
するのみちすじさらにわからん
（三　35）

身上・事情は神の手引きと教えられる。何かあったら、早く神様の思いを悟らせていただくよう、努力させていただきたいと思う。

世間の人と、お道の人の考え方には、大きな違いがある。

世間の人は、神様が分からないから、どんなことが起きても偶然に起きてきたように思う。放っておくから、そのうち大事が起きてくる。お道の人は、神様が分かるから、何かが起きると、どんなお知らせだろうかと考える。そんな中から反省が生まれる。だから大事にならない。そして、心の成人もできるのである。

「成ってくるのが天の理」と教えられる。どんなことが起きてきても、よくよく神様の思いを思案して、反省の中から先を楽しみに通らせていただきたいと思う。

たんのうの心一つ

交通事故も、どんな身上も事情も、それぞれにお諭しがある。先日、身上諭しの本を読んでいたら、細かい病名についていろいろと書かれてあったが、本の最後のほうにこう書いてあった。

「どんな病気にも通じるお諭しは、〝たんのう〟です」と。

私も、天理教校本科の学生時代、分厚い『おさしづ』（八巻本）を読ませていただいていた。振り返って考えてみると、いろいろな伺いに対して、最後に「たんのうせよ」と書かれているものが多かった。

お諭しからいろいろと反省させていただくのも、大変結構である。しかし、どう反省させていただいたらいいか、すぐに分からないときもある。そんな場合は、ともかく〝たんのう〟の心をしっかり心に刻んで通らせていただいたらいいのではあるまいか。

だいたい、どんなことも、最初は相手が悪いと思う。恨《うら》んだり、憎んだり、腹を立てたりする。それが、大きな不幸、災難の始まりである。そういう中に、人間関係のゴタゴタ（事情）が起こってくる。事情がなかなか治まらないと、次には病気（身上）である。「相手が悪いと思っているが、そうではない。あなたが悪いのだ」との神様からのお知らせが、直接の〝身上〟ということになる。

元をたどれば、恨んだり、憎んだり、腹を立てたりするからである。ともかく〝たんのう〟の心で通ることが第一である。

おさしづに、こうある。

不自由の処《ところ》たんのうするはたんのう。徳を積むという。受け取るという。これ一つ、聞き分けにゃならん。（明治28・3・6）

どんな嫌《いや》なことも、自分の蒔《ま》いた種が生えてきたのであるから、本来は、たんのうして通るのが当たり前なのである。しかも神様は、たんのうは徳積みとして受け取るといわれる。親なればこその、温かい親心の表れといえよう。

さて、たんのうができれば問題はない。何も言うことはない。しかし現実には、そのたんのうが案外、難しいのである。たんのうが肝心、たんのうが第一、たんのうが大切だと、よく分かっている。喜べばいいのは十分分かっているが、実際には喜べない。たんのうができない。ここが問題なのである。

憎むまいと思っても、憎しみの心が湧《わ》いてくる。腹を立てまいと思っても、腹立ちの心が湧いてくる。心に〝にくい〟や〝はらだち〟のほこりがあれば、何かあるたびに、どうしても引っかかってしまう。引っかかるから、それが元で身上にもなるのである。

どうすればいいか。結局は、心のほこりを取る以外に道はないのである。心のほこりは、身体《からだ》についた垢《あか》のようには、なかなか取れない。

みかぐらうたに、

　みづとかみとはおなじこと
　こゝろのよごれをあらひきる
　　　（五下り目　3）

とあるが、神様の御用をさせていただく中に、神様に取っていただくのである。

心を澄ます道として、にをいがけ、おたすけ、つくし、はこびの四つの道がある。ともかく心を定めて、自分のできるところから精いっぱいさせていただき、心のほこりを少しでも取らせていただきたいと思う。

そして、何ごとも心に掛からない、どんな中もたんのうの心で通れる、そんなすがすがしく爽《さわ》やかな、陽気ぐらしのできる人間にならせていただきたいと思う。

快　眠

眠れぬつらさ

私は、布団に横になると、だいたい五分ぐらいしかもたずに眠ってしまう。あまりに早いので、本を読んでいる状態のまま眠っている。時折、家内が「そんな格好でよく眠れるわね」とおかしがる。

寝ている間に疲れが取れる。たとえ時間は短くても、ぐっすりと眠ったあとは、心身ともにスッキリする。よく眠れるのは、ありがたいことと思う。

もう二十年以上前であるが、続けて三日間、まったく眠れなかったことがあった。学生生徒修養会高校の部の講師を務めさせていただいたときのことである。

私の宿泊部屋の隣の部屋が騒がしくて眠れなかった。やっと静まった真夜中、午前一時、二時と過ぎていくのがとても気になった。やがて、うっすらと夜が明けてきた。時計を見ると午前五時。ああ、今日は大丈夫かなあと不安がよぎる。その日は二時間の講義が待っていた。

その夜になると、今日こそは眠らなければと心に念じた。翌日は講義のあと、受け持ちクラスの生徒を引率して、夜中に大阪から天理まで、徒歩で三十キロの十三峠《じゅうさんとうげ》越えがある。今夜は何としても眠らなければと真剣に思った。

しかし、その夜も一睡もできなかった。眠ろうとすればするほど目がさえてきた。なぜか眠れない。どうしても眠れない自分が、情けないやら悔《くや》しいやらであった。とうとう眠れぬまま、三日目の夜は夜通し歩いての十三峠越えとなった。

なんと三昼夜の間、ほとんど眠らずに過ごした訳である。

眠れないというのは、つらいことである。眠れないと、雲の上を歩いているような気がする。身体《からだ》がフワフワして、しっかりしない。

さて、そんな睡眠について、昔からいろいろな実験がなされている。

ある実験では、犬を何日も眠らさないでいたところ、解剖したら、大脳の神経細胞に病的変化が現れていたという。また、四十五歳の機械工に、六日六晩ぶっ通しで、機械につききりで仕事をさせてみると、うわごと、幻想、混乱、意識朦朧《もうろう》、健忘といった、一過性の精神錯乱の症状が見られたという。

人間も犬も、眠っている間に、大脳や身体に蓄積した疲労が取れてくるということが、これらの実験からはっきり分かってきた。

大人にとって適正な睡眠時間は、人によって違うが、だいたい七時間から八時間。アメリカで百万人以上の成人を六年間追跡調査した結果によると、一日の睡眠時間が七時間台の人の死亡率が一番低かったという。男の場合、七時間台の人を基準とすると、四時間未満の人は二・八〇倍、十時間以上の人は一・七七倍の死亡率とあった。

それでは、眠れないときはどうするか。決め手はないが、一般的には、眠るためには身体の内外の刺激を極力除くこと、そして、身体の姿勢を横にしてくつろがせることだという。

変わったものとしては、フランスの哲学者・ベルグソンは「眠りは無関心になることである」と言い、条件反射の実験で有名なロシアの科学者・パブロフは「単調な事柄の繰り返しが睡眠を起こす」と言っている。最近では、ゆっくりした心の休まる音楽を聴くとか、温かいミルクを飲むと良いなど、いろいろと言われている。

しかし、睡眠薬を飲んでも、音楽を聴いても、なかなか眠れない人は少なくない。そこで、お道の理から考えさせていただきたいと思う。

報恩感謝の心

眠れないのは、精神、神経、内分泌《ないぶんぴつ》系統に異常がある場合が多い。病気ではノイローゼ、高血圧症、糖尿病、精神的には不安、恐怖、心配などがあると、なかなか眠れない。

この精神、神経、内分泌系は、親神様の十全の守護からいうと、くにとこたちのみこと、をもたりのみことのお働きとのことである。この二柱の神様は、人間創造のときの元の神様であり、親の理と聞かせていただく。だから眠れない人は、親孝行、神様へのご恩報じをさせていただいたら、よく眠れるようになる。

私の経験でも、眠れない人の中に、親と心が合わない人がかなりいる。ちょっとしたことで暴力を振るう頑固《がんこ》で短気な親の子供。子供を置いて出ていってしまった無責任な親の子供。気の毒ではあるが、子供のころから親に恵まれないと、つい親と不仲になり、親孝行もできないでいる。そんな人が夜、なかなか眠れないようである。

おさしづに、こうある。

めん〳〵の親の心に背けば、幽冥《ゆうめい》の神を背き〳〵て、まる背きとなってあるのやで。めん〳〵の親が言う事に、悪い事言う親はあろうまい。

（明治21・9・18）

ともかく、親があって自分がある。だから、少しでも親孝行の道を歩ませていただきたい。そして、眠れるようになりたいと思う。

世間でも親孝行ということがよく諭される。それは、煎《せん》じ詰めれば〝ご恩報じ〟ということではあるまいか。

ご恩を感じる人は親孝行になる。ご恩を感じる人は神様へも感謝する。身体をはじめ、この世の一切をご守護くださっている神様へのご恩報じの道を歩む。「ありがたい、結構だ」と喜ぶ人は、心も安らぐから、よく眠れるようになる。

反対に、自分中心でわがまま、ちょっとしたことにイライラし、わが身思案、人間思案で心配ばかりしていると、眠れなくなる。目がさえてくる。

眠れない人は「ありがとう」という言葉を、眠れるまで何度も何度も繰り返し唱えたらいいと聞いたことがあるが、そんな感謝の心が大切なのではあるまいか。

神様への感謝の心を行いに表すことを〝ひのきしん〟という。眠れない人は、ひのきしんをさせていただいたら最高に良い。

修養科に入ったら、よく眠れるようになった。教会へ住み込んだら、よく眠れるようになった。そんな話をたびたび聞く。それは、修養科も教会も、毎日の生活が、ひのきしんに囲まれているようなものだからである。

神様へのご恩報じであるから、無報酬である。自分のことなど考えていられない。ガラス拭《ふ》き、廊下拭き、庭掃除、トイレ掃除など、心よりも、まず行いから入る。ひのきしんをさせていただいているうちに、だんだんと、不思議に感謝の心が湧《わ》いてくるのである。

そして、そのひのきしんも、〝してあげる〟という恩着せがましい心からでなく、〝させていただく〟という謙虚な心にならせていただいたら本物といえよう。

昼間は、ひのきしんにしっかり汗を流させていただく。そして日が暮れて夜になったら、ぐっすり休ませていただく。そうなったら、楽しみである。

先案じは神に楯突く理

眠れないのは本当につらい。眠れない夜はとても長い。次の日の仕事に差し支える。いろいろ考えると、目がさえてますます眠れない。

しかし、考えてみれば、先の先まで考えれば心配のない人は一人もあるまい。人間は誰でも、一度は死ななければならないが、そんなことまで心配しなければならなくなる。眠れないというのは、見方を変えれば、先案じが強く、人間思案が多いということではあるまいか。

日本橋《にほんばし》大教会のK先生は、肺結核で生死の境をさまよっていたときに、「死ねばたすかる」というお諭しを受けた。それまでは、生きることへの執着で悶《もだ》えていた。悶々《もんもん》とする中で、身体はだんだんと蝕《むしば》まれていった。

その厳しいお諭しを頂いたときから「死も結構」という心が定まった。最もできにくい心定めであるが、それから心が落ち着いてきて、だんだんと結核のほうもよくなり、見事にご守護を頂かれたという。

自分の力でどうしようもないことを、あれこれ考えると、ますます目はさえてくる。どうしようもないことは神様に任せて、自分はできることをさせていただく。そんな中に、心が安らぎ、眠れるようになり、身体も快方に向かったのであろう。

お道の先輩から、先案じは神に楯突《たてつ》く理、と聞かせていただいたことがある。本来、神様はその人にちょうどいいように、周りにいろいろと見せてくださり、ちょうどいいようにご守護くださっている。将来の心配ばかりするのは、成ってくる神様の思いを受け入れない、拒絶するという、逆らう心の表れなのであろう。

そして、人間思案、わが身思案、先案じがますます大きくなり、眠れないようになってきてしまうのであろう。

おさしづに、こうある。

世界の道は千筋、神の道は一条《ひとすじ》。（明治22・11・7）

お道は、徳積み一条の道を生きる。世間は、人間思案で千筋の道をいろいろと考える。ただでさえ複雑な世の中、複雑に考えればますます分からなくなる。行き詰まったときほど、できるだけ単純になりたいと思う。

くどいようであるが、結局、人間は本当に自分の力で自分を守ることができるのだろうか、ということである。

毎年、一万人近くもの人が交通事故で亡くなっている。本人はもちろん、家族も思ってもみなかったことであろう。

離婚は年間二十五万件を超している。離婚したくて結婚した人は一人もいまい。誰もが幸せな家庭を夢見て結婚したが、うまくいかなくなったのである。

アルコール依存症の人が、全国で二百万人といわれる。そうなりたいと思ってなった人は一人もいまい。どういうわけか、そうなってしまったのである。

要は、守る生き方より、守られる生き方のほうが大切なのではあるまいか。眠れない人は、自分を守ろうと先の先まで考えて、眠れなくしている。しかし、本来人間は、自分で自分を守ることはできないのである。自分を守ろうとすればするほど、本当は危ない。自分中心のわがままが出て、神様からの守りが欠けてくるからである。

みかぐらうたに、こうある。

なんでもこれからひとすぢに
かみにもたれてゆきまする
（三下り目　7）

この世の中は、陽気ぐらしをさせたいという神様の思いいっぱいでご守護くだされている。だから、神様にもたれていけば、心配も危なげもない。目がさえて眠れないときこそ、神様にもたれる心をしっかり勉強させていただくときではないかと思う。

子供の健康

子供の身上は親のさんげ

先日の新聞に、「部下から見た上司の仕事へのエネルギー源は何か」という記事があり、なんとその第一番目に「子供」と載っていた。働き蜂《ばち》といわれた日本人の中で、企業戦士よりもマイホーム主義のサラリーマンが多くなってきたということであろう。

母親は、昔から「子供が生きがい」と決まっていた。それに加えて父親も、仕事へのエネルギー源は子供だという。最近よく、人間同士の絆《きずな》・信頼関係の崩れを見たり聞いたりするが、そんな世知辛《せちがら》い世相に対する反動なのだろうか。

さて、かわいい子供が病気になったときの親の気持ちはどうか。他人が大けがをしようと無関心な人でも、自分の子供となると、まるで違う。自分が病気になったように思う。代われるものなら代わってやりたいと思う。親子は一心同体ともいえよう。

おさしづに、こうある。

さあ〳〵小人《しょうにん》々々は十五才までは親の心通りの守護と聞かし、十五才以上は皆めん〳〵の心通りや。（明治21・8・30）

子供が十五歳までの間の病気は、親の責任・さんげだという。親の通り方、心の使い方に問題があるということである。

話は変わるが、中学の教師をされている方が、こんなことを言っていた。「最近の中学生の中には、ガラスを割っても悪いと思わず、反省の心がない、そんな心の荒廃した子供が増えてきた。そういう子供の家庭を見ると、たいてい夫婦が治まっていなくて、親が親らしくなかった。そこで、親に反省していただくよう話したら、反省どころか、親が学校に文句を言いに来た」と。

なかなか難しい、もう救いようがないと嘆いていたが、非行などの子供の不祥事も、まず親のさんげと悟りたい。

ところで、子供の病気には、三つの原因があるという。

一つ目は、お腹《なか》に子供が宿ったときの、母親の心づかいである。胎内でひと月ごとに、目が出来て、血の固まりになり、皮膚が出来て、骨が出来て……と、段々と人間らしくなってくる。その時々の母親の心づかいが、そのまま子供の身体《からだ》に影響してくる。

二つ目は、夫婦の仲がいいか悪いかという、夫婦仲の問題である。両親は、子供にとっては掛け替えのない天地である。その天と地がしっくりと治まっていれば、子供は順調に育つ。夫婦げんかばかりしていれば、当然、不良息子や虚弱体質の子供ができてくる。夫婦げんかなど些細《ささい》なことと思わず、子供のために十分配慮したい。

三つ目は、両親の、祖父母への心づかいである。

親は根、子は幹、孫は枝葉という。根を傷めれば、幹は弱り、枝葉は枯れる。祖父母を粗末にすれば、子供が大きくなって楽しみだと思うころ、不意に病気になったり、いなくなったりする。

余談であるが、子供は親の通ったように通るものである。親が親不孝であれば、子供も親不孝になる。結局、親不孝の人の晩年は、だいたいが寂しいものになるから気をつけたい。

「自分の前生の姿を知りたければ、自分の親を見よ。自分の来生の姿を知りたければ、自分の子供を見よ」と、よく諭される。子供は、ややもすると親と関係ないように思われるが、親の今生の心づかいそのものが子供なのである。だから、親自身の来生の姿であるといえよう。

まずは、子供が健康に通れるように、親の通り方を正していきたいと思う。

親は根、子は枝葉

親は、子供のことになると夢中である。

さあ塾だ、やれ家庭サービスだ栄養だと、なんでそんなに心配するのか、その心配を少しでも人さまのほうに向けたら世の中がどれだけ明るくなるか、と思うときがある。

ところが、子供が言うことを聞かなかったり、わがままで、箸《はし》にも棒にも掛からなかったりすると、子供を切り捨ててしまう冷酷な親がいる。親も、いいかげんではないだろうが、それにしても自分が生んだ子供なのに、知らぬ存ぜぬでは、全く無責任である。

親と切れた子供はどうなるか。糸の切れた凧《たこ》のように飛んでいってしまう。自暴自棄になって、めちゃくちゃな人生を歩む者が多い。

親は根、子供は枝葉である。枝葉が切れても、親である根は枯れることはない。しかし、根が切れたら、子供である枝葉は必ず枯れる。そう考えたら、親は子供との縁を簡単に切れないであろう。

子供は子供だけの事。腹を立てゝは、親であらせん。親となれば子を可《か》愛《わい》との心にならねばならん。子を憎む心では親でない。この理をよく聞き分けて置け。
(明治21・6・30　補遺)

と、おさしづにある。親ならば、どんな中も親心を忘れずに通らせていただきたい。

さて、現代医学ではたすからないという病気は数多くある。不治といわれる病の子供をもつ親は、本当につらい。そんな中で、親子双方の努力で見事にたすかっていった例は多い。

日本橋大教会で青年をされているY氏は、二十七、八年前、精神科の病院を退院されてから修養科を修了。その後、思いきって大教会の青年づとめに入られた。

当人や身内の人はよく分かると思うが、精神の病気は難しい。なかなか治らない。治ったと思っても、また出てくる。

ところがY氏は、青年づとめ以来、一度も再発していない。それどころか、だんだんと良くなり、いまではどこが悪いのか全く分からないほど元気である。最近は、大教会でも所属の教会でも、なくてはならぬ人物として大いに活躍されている。

大教会では毎日、午前中に、にをいがけに出させていただいているが、Y氏はいつも率先して参加している。何かの都合で皆が行けないときでも、一人でにをいがけに出ていくほど、心も明るく、身体も元気に過ごされている。その鮮やかなご守護の裏には、母親の並々ならぬ真実の伏せ込みがあったことを記しておきたい。

特に、Y氏が住み込まれたころ、母親がお弁当持参で毎日のように大教会へ来られて、ガラス拭《ふ》きや境内掃除などをされていた。小柄で、やせているので目立たないが、来る日も来る日も、ひのきしんにコツコツと励まれていた。子供のために毎日ひのきしんに通う姿に、母子の絆の強さ、母親のわが子への愛情をしみじみと感じさせていただいた。

Y氏の見事な回復は、本人の努力ももちろんであるが、そんな母親の陰の伏せ込みが大きかったのは確かである。

何度も言うが、親は根、子供は枝葉である。根である親は、決して枝葉である子供を切ってはなるまい。枝葉である子供が枯れぬよう、元気に伸び栄えていくよう、親は地中深く根を張る徳積みの道をしっかり歩ませていただきたいと思う。

長患いなし

天の手紙

私は、いままでに六、七回も結石で病院へ運ばれた。

最初は、かれこれ二十五年くらい前である。群馬県の教会へ秋の大祭巡教に行かせていただく電車の中で痛みだし、途中下車した駅の改札口から、すぐ救急車で病院に運ばれた。二回目は、その三年くらい後で、それからご丁《てい》寧《ねい》に何回も起きている。

結石は、患った人は分かると思うが、キリキリと鋭利な刃物でお腹《なか》をえぐられような痛みが走る。それも、相当長い時間続くときがある。

どんな病気か知りたかったので『家庭の医学』という本を読んだ。飲料水の不足する船員が患いやすい病気で、水をよく飲んだらいいとか、痛みの割にはたいした病気でもないことがだんだん分かってきた。しかし、あの激痛はどうしようもない。何度も起こると、いったいどうしたものかと、いろいろ考えるようになった。

　父の二十年祭のときだったと思うが、会食で同席したお道の人に、何とはなしにこのことを話すと、「あなたには、そういう癖《くせ》がありましたか。ああ、そうでしたか」と、顔をのぞき込むようにして言われた。

　聞けば、結石は、堅くて腹を立てやすい人に多いという。お腹の中に石が出来るのであるから、心が堅いのだろうとは思っていた。しかし、腹を立てやすいと聞いて、この心は早く変えなければと、深く反省させていただいた。

　しかし、それからも何度も激痛が襲ってきた。堅い心と腹立ちの心はだめだと、猛反省したつもりであったが、神様は、まだまだ認めてくださらなかったようである。

　心を変える。癖・性分を取る。簡単にいうが、これは並大抵なことではない。癖・性分は、なかなか変わらない。それでも「とにかく柔らかい心を」と思っているうちに、おかげさまで十年くらい前からは、一度も結石にならな

ずに通らせていただいている。何度も味わったあの痛みを考えると、本当にありがたいと思う。

長患いや持病はつらいものである。痛みや不快感を伴うものも多い。治りにくいから、持病や慢性病になるわけであるが、お道の理から考えさせていただくと、おおよそ次のようになると思う。

おふでさきに、

なにゝてもやまいいたみハさらになし
神のせきこみてびきなるそや　（二　7）

とある。病気というものは本来ない。それは、陽気ぐらしを望まれる神様の手引き、いわゆる「天の手紙」ということである。だから、病気を治そうとあせるよりも、神様からの手紙の内容をよく思案させていただく。そこが肝心である。

誰《だれ》でも手紙を頂けば、目を通す。ところが、神様が手紙を出し続けているのに、その手紙をなかなか読もうとしない。神様にすれば、何度も何度も手紙を出しているのに、その思いがなかなか伝わらないのは誠に残念であろう。

そんな神様の思いも考えねばなるまい。

慢性病や持病になるということは、急性や一過性の病気と違って、自分自身にベッタリ付着した癖・性分があるということである。だから治しにくいし、それだけ難しい。

しかし、何年も苦しめられれば、自覚や反省がしやすいのも確かである。私も結石では、十数年の間に何度も激痛が走ったので、柔らかい心、腹の立たない心を、自分としてはかなり勉強させていただいた。子供のころの私を知る人の中には「短気だった昔と比べると、かなり変わった」と驚く人もある。

八千八度《はっせんやたび》の生まれ替わりの中でできてきた心が、そんな簡単に変わるわけはないが、慢性病や持病を通して癖・性分を変えられたら、こんなありがたいことはあるまい。

病気も治る。それに加えて、陽気な心に生まれ変わらせていただく。そこに、信仰する本来の目的があるのだと思う。

病の根を切る

慢性の病気にもいろいろあるが、中でも多いのが内臓の病気、そして神経・内分泌《ないぶんぴつ》系の病気である。

慢性肝炎、慢性腎炎、慢性胃炎、慢性腸炎……。

神経症、神経痛、高血圧、糖尿病……。

内臓のなかで、「～ゾウ」と名のつくものは、とにかく治りにくい。そして、神経・内分泌系の病気も治りにくい。そのほかにもいろいろあるが、治りにくいものは根元から治すという心がけが肝心だと思う。

みかぐらうたに、

十ド　このたびあらはれた
　　やまひのもとハこゝろから
（十下り目）

とある。元をたどっていけば、やはり心が問題なのである。

ならば、いったいどんな心の持ち方が大切なのかというと、親神様の十全の守護の理から考えるのが、まず第一の基本である。

例えば、治りにくい消化器・泌尿器系の病気。これは、親神様が人間を創造されるとき、泥海の中から〝うなぎ〟を引き寄せて、食べてその心味わいを試され、飲み食い出入りのご守護とされたのであるから、ウナギのような心づかいをすればいい。

ウナギは、いかにもクニャクニャして柔らかい。そして、海水でも、真水でも、空気の中でも生きていける。胃、腸、肝臓、腎臓などが悪い人は、柔らかい心、好き嫌いのない心を学んだらいい。

概して内臓の悪い人は、真面目《まじめ》で堅く、食べ物、仕事、人にも好き嫌いが激しい。その陽気ぐらしのできない、堅い、好き嫌いの多い心を直すのである。

また、神経・内分泌系の働きは、くにとこたちのみことをもたりのみことのご守護である。すなわち元初《もとはじ》まりの親の理であるから、親孝行、目上の人を立てる心、神様へのご恩報じ、感謝の心が大切である。

神経・内分泌系を患う人は、どうも人間的な情に流されやすい。人への思いやりはあるが、ややもすると立てるべきものを立てず、人間思案・わが身思案に迷い込んでしまう。この世の中は親神様のご守護の世界であるのだから、神様にもたれて、天の理をしっかり心に刻んで通ればいいのである。

おさしづの中に、「気の間違いに付願」として何度もお諭しが出ているが、理を心に治めよ、理で責めきれと、くどいほどお諭しいただいている。できれば、八つのほこり、親神様の十全の守護の理の説き分けなどは、しっかり暗唱して、心づかいに狂いが出ないよう、特に心して通らせていただきたいと思う。

お道では、医者の手余り神がたすける、といわれる。医者がたすけるのは身体《からだ》の面。病気の元である心は、医者ではどうにもならない。その医者の手余りの〝心〟をたすけるということである。どんな心が大切か。繰り返しになるが、それは元初まりのときの、泥海の中のお姿から推察させていただくのである。

医者で治りにくいときこそ、心の手術のときである。お道の信仰の中から、心の目を開く勉強をさせていただきたいと思う。

思いきる理が、いんねん切る理

慢性病・持病は、一生ついてまわるものが多い。だから、いんねんの病といってても言い過ぎではあるまい。病気を治すというより、いんねんを切り替えるといったほうが、的を射ていよう。

お道では、長年苦しめられた病気から解放された人は多いが、何といっても一番ダイナミックなのが、道一条の生活に切り替えて、たすかっていった人たちである。

身近にもいろいろな例はあるが、以前、『陽気』誌に載っていた記事も、感動的なご守護を頂かれた素晴らしい話であった。

新婚の喜びもどこへやら、生後五カ月の長男が、発熱・けいれんを起こすようになった。昼夜を問わず、二時間おきに両眼をカッと見開いて、小さな身体をブルブルふるわせるので、病院で診《み》てもらうと、小児てんかんと診断された。

そんな状態が三カ月間も続いたとき、医師から「このままけいれんが続けば、成長後も小児まひの症状が残るでしょう」と宣告された。所属教会の会長さんに相談すると「道一条になれ！」との厳しいお仕込みを頂いたという。

天にすがりつく思いで、若夫婦は会社を退職し、生涯道一条を決心した。するとー週間後、不思議にも三カ月続いたけいれんがピタリと止まり、医師から「小児まひの症状が残る心配はなくなった」と太鼓判を押された。あまりの鮮やかさに、妻は全身をふるわせたという。

夫婦で教会長資格検定講習会を受講し、持てるものすべてをお供えして教会に住み込み、二年後に教会を設立した。以来三十余年、いまは教会活動とともに、ご守護いただいた長男をはじめ五人の子供たちを中心に、知的障害者の自立を支援する社会福祉事業を起こされ、大きく活躍されている様子が載っていた。

「妻は〝きっといつか、長男のような身上で障害者となった人のための施設を作り、このご恩を親神様にお返ししたい〟と涙ながらにお誓いした」と文中にあったが、そのとおり実行した子を思う母の心の深さ、ご恩報じを忘れない真実の深さに、感銘させていただいた次第である。

会社をやめて道一条になる。家財道具すべてをお供えして教会へ住み込む。

言葉では簡単であるが、若夫婦にとっては生涯の大決心であったと思う。あえて自分を捨てる道を選んだ。その中に、全身をふるわせるような鮮やかなご守護を頂いた。お道の先輩がよく使われた「思いきる理が、いんねん切る理」という言葉があるが、そのとおりを実際に歩んだ見事なケースといえよう。

思いきることは、欲があってはなかなかできない。それで、多くは不思議なご守護を頂き損《そこ》なう。神様は、物やお金が欲しいのではない。誠真実が欲しいのである。思いきった若夫婦の誠真実に、神様が動いた。「神様はおられる。神様は働いてくださる」との熱い感動が、胸いっぱいに広がったことであろう。考えてみれば、万事休すであった病気がたすかったことも結構であるが、心の目が開かれたことも、それに劣らず大きな収穫であったと思う。

いつになったら思いきれるか。慢性病や持病は、神様が何度も天から手紙を出しながら、じっと待っていてくださっているのである。

思いきって、神様の思いに飛び込んでみたいと思う。そんな中で、不思議なご守護が現れてこよう。

熱心な信仰者のほとんどが、こうした不思議なご守護の体験者であることも心にとめておきたいと思う。

目の健康

よいところを見る目

目は心の窓といわれる。考えてみれば、知識も楽しみも、ほとんど目を通して入ってくる。日ごろは目の大切さを忘れているが、たまには、ありがたさを思い返してみたい。

さて、人間の作ったカメラと、神様の作った目を比較すると、さすがに神様の作られた目は素晴らしい。その絶妙な働きは驚くばかりである。

水晶体は、レンズと違って、対象物の遠近によって厚みが自在に変化する。だから、カメラのレンズのように前後に位置を変える必要がない。

網膜は、フィルムのように入れ替えの必要がない。〇・一ミリの厚さの中に、なんと十層になった神経細胞が光をキャッチするという。

虹彩《こうさい》は、黒目の中の茶色のドーナツ状のものであるが、シボリの役目をしている。周囲の明るさによって、これも自動的に、正確に大きさが変わる。小さな目一つにも、人知をはるかに超えた神の働きの微妙さ、精巧さをまざまざと感じる。

ところで、こんな精巧な目が、なぜ悪くなるのか。目を作り、目をご守護くださっている神様の思いから考えさせていただきたい。

ある教会へ行かせていただいたときのことである。壁に色紙が掛けてあったが、その中にこう書かれていた。

よいことを言う　口

よいところを見る　目

よいように受け取る　耳

たった三行であるが、的を射た簡潔な言葉に、私の心は一瞬くぎ付けになった。目には、いろいろなものを見る役割があるが、人の欠点を見ずに、長所を見させていただくことが肝心だというのである。

神様は、陽気ぐらしを楽しみに、この世と人間を造られた。その陽気ぐらしのために、手も、足も、口も、目も、耳も、道具として貸してくださっている。だから、目は、よいところを見るように使わせていただいたら、いつまでも健康に使わせていただけるということである。

そして、目は見る道具なのだから、見るということについて何か反省する所はないかと、そういうことから考えさせていただくのが本来の筋であろう。身上を通して何か反省させていただく。そこに、陽気ぐらしへの道を見つけたい。

一番いけないのは、お手入れを頂いても何も反省しないことである。せっかく身上を頂いても、心の成人が全くないとしたら、もし治ったとしても、何のための身上だったのかと、神様もがっかりされるであろう。そして反省ができないと、神様からもう一度お手入れを頂くことにもなる。

神様は、最初から大きな身上は見せられない。できれば、身上は小さなうちによく反省させていただきたいと思う。

身体は目から出来る

目は、親神様の十全の守護からすると、くにとこたちのみことのお働きである。十柱の神名の一番初めに出てくるのがこのお働きであるが、母親の胎内でつくられるのも、目が最初である。

人々がちょんまげを結っていたころに、教祖は十全の守護の順序も説かれたが、人間の身体《からだ》が目から出来るのが分かっていたとは誠に驚異というほかない。

「目は心の窓」といわれる。「百聞は一見にしかず」ともいわれる。知識は、耳からも入ってくるが、何といっても目からである。〝心〟を直接に左右する第一の道具である目。他の道具と比べて、特に目のもつ役割の重大さを思う。

さて、おさしづの中には、目のお諭しで「先案じ」ということがよく言われている。これは、結論からいうと、少し厳しいが、お道の根本を心に治めてほしいということだと思う。

お道では、神一条の心と人間思案の心とに分けて、よく諭される。人間思案に流されると、目先の欲のために不安になり、先案じするようになる。そこを教えられているのである。

例えば、目の身上に対するおさしづの一つに、

人の事は我が事、これ一つ〳〵聞き取りて案じる事要《い》らん。先長く楽しみ、先長く安心と心落とし着けてくれ。これ一つ聞き取りてくれるよう。

(明治26・3・5)

とある。

分かりやすくいうと、「人のために尽くして自分は損するばかり。この先、自分はいったいどうなるのだろうかと、将来を不安に思うかもしれないが、心配はいらない。心を落として先を楽しみに通ってくれ」ということである。

目の障《さわ》りを頂いている場合は、わが身思案や人間思案に流されて「先案じ」してはいないか。そこのところをよく思案させていただきたいと思う。

加見兵四郎先生

失明のところを鮮やかにご守護いただかれた先人は数々いるが、その中の

一人に、東海《とうかい》大教会初代・加見兵四郎《かみひょうしろう》先生がおられる。直々《じきじき》に教祖に尋ね、鮮やかにご守護いただかれたが、教祖の答えられた内容が、はっきり残されているので参考にしていただきたい。

加見先生は、八歳のときに母と別れ、同じ年の末に父に見はなされ、大変な苦労の中で育った。そんなわけからか、小さいころより神仏への信心は深かったという。入信は、先人の中でもかなり古く、明治六年である。

信仰もかなり進み、布教にも活躍されているときのことである。明治十八年の秋、長女の目の身上に続いて、加見先生自身も目を患われた。目が閉じて見えなくなったので、いろいろさんげしたが、なかなかご守護いただけない。そこで、眼病について神意を伺うために、妻をおぢばへ代参させた。

そのときの教祖からのお諭しは、

「この目はなあ、難しい目ではあらせん。神様は一寸《ちょっと》指で押さえているのやで。そのなあ、押さえているというのは、ためしと手引きにかかりているのや程《ほど》に」

と仰せになり、続いて、

二人くぐれば二人。人の口一人くぐれば一人、二人くぐれば二人。人の口くぐるだけ、話が狂う。狂うた話した分《ぶ》にゃ、世界で誤ちが出来るで。誤ち出来た分にゃ、どうもならん。よって、本人が出て来るがよい。その上、しっかり諭してやるで」

と仰せになった。

帰ってきた妻からその話を聞くと、杖《つえ》を片手に、もう片方の手は妻に引いてもらって、すぐにおぢばへ参った。教祖の前に出ると、「さあ〳〵」とお言葉があり、それから二時間にわたって元初《もとはじ》まりのお話をお聞かせくだされた。そのお言葉がすむや否《いな》や、ハッと思うと、目はいつとなく鮮やかに見えるようになっていた。喜び勇んで帰宅してみると、長女の目も鮮やかに見えるようになっていたという。

ところが、少しすると、加見先生の目は、毎朝八時ごろまではボーッとして遠目がきかないという状態になった。そこで、年が明けておぢばに帰り、教祖にお伺いを立てたところ、

「それはなあ、手引きがすんで、ためしがすまんのやで。ためしというは、

人救《たす》けたら我が身救かる、という。我が身思うてはならん。どうでも、人を救けたい、救かってもらいたい、という一心に取り直すなら、身上は鮮やかやで」

とのお諭しを頂いた。そしてその後、熱心におたすけに奔走するうちに、すっきりご守護を頂いたという。

（『稿本天理教教祖伝逸話篇』一六七「人救けたら」参照）

加見先生の目の身上のご守護は、内容からすると、目だけでなく病気全般に通じるものであるが、ともかく目の病気に対する教祖からの直々のお諭しとして、深く心に刻ませていただきたい。

第一は、目の病気は神の手引きということである。お道の者は十分に分かっていることであるが、つい忘れてしまう。これを忘れては信心も台無しである。

第二は、目の病気に対しては、お道の基本教理、特に「元初まりの話」をしっかり心に治めたい。話が狂ってはならないから、直接聞きに来るようにと言われているが、教典の第三章「元の理」を繰り返ししっかり読むことである。知れば知るほど人間存在の根底を深く感じ、きっと喜びが湧《わ》いてこよう。

第三は、〝ためし〟ということである。「人救けたら我が身救かる」という、天の理に沿った生き方を、実際に試してみるということである。心の目が開いたときに鮮やかなご守護を頂くことは多いが、それは〝しるし〟を見せてくださっただけである。本当のたすかりは、それからの実行といえよう。

さて、加見先生についてては、それからの話も興味深いものがあるので、続けさせていただきたい。

先述のお言葉の後、布教活動に専念されたが、留守を守る妻子は赤貧洗うがごとしであった。家のことを思い、気が緩んで家業をすると病気になる。神様の御用をすると食べていけない。生活が大変で困った。そこで、内緒で内職するからいけないのだと思い、明治十九年九月、お許しを頂きにおぢばへ帰った。そのときのおさしづは、

「さあ〳〵尋《たずね》るじ上〳〵は　あかき道　白き道　黒き道にさとしおこふ　これでわかろまい　あかき道は神の道　一寸《ちょっと》わかりかけた事　白き道は　せか

いなみ　黒き道は　わが身のしあん　せかいのものからつけたとくは　せかいからは　おとさん　わが心でおとさぬよふ
さあ〳〵　いばら　ぐろうも　がけ道も　つるぎの中もと　いふてあろ　どうせこうせ　はいわん　心と心をしやんしてみるがよい」（『東海の道』）
とのことであった。
そのお言葉に加見先生の心の迷いは一掃され、勇み心と共に、どんな中でも布教に専念する決心が固まったのである。
このおさしづを頂いたその年、四十五歳にして伊勢《いせ》の国に布教を開始し、その地でついに教会を築いた。目の身上から教会の設立という大事業をされたが、何が災いし、何が幸運を呼ぶか分からないものである。
病気は誰でも困る。確かに病気ほど嫌《いや》なものはない。しかし、本当にそうだろうか。
この世の中は、神様が陽気ぐらしを楽しみに造られた。そして、陽気ぐらしをさせたい思いいっぱいで、いまもなおご守護くださっている。だから、嫌な病気にも、陽気ぐらしへの深い親心が込められているのである。

病気を通して心が定まる。病気を通して陽気ぐらしの生き方を知る。特に目の身上は、よいところを見るということ。そして、人間思案から神一条の心への転換ということを、しっかり胸に刻んで歩ませていただきたいと思う。

皮膚の健康

皮つなぎ

もう十年余り前であるが、S氏の手の甲に、赤くぼんだ痛々しい傷跡を見つけたときは驚いた。ところが、それから半年ほどたったとき、ふと手を見ると、跡形もなく、元のツルツルのきれいな肌に戻っていた。

人間の皮膚はありがたいものである。肉が盛り上がってきて、表面が平らになる。ちょうど平らになったところで肉の盛り上がりが止まり、皮膚が覆《おお》う。どこでコントロールされているのか知らないが、何という不思議な働きであろう。

人間が作ったもので、傷つけてそのままにしておくと、中から盛り上がって自然に元のようにつながってくる、そんな不思議で便利なものはあるまい。

皮膚にはいろいろな役割がある。外部から身体《からだ》を守る働き。発汗によって体温を一定に保つ働き。分泌排泄《ぶんぴつはいせつ》作用。温覚、冷覚、痛覚、圧覚、触覚の五つの知覚作用。弱い呼吸作用。

指折り数えれば多くの働きがあるが、皮膚は平均的な大人で、総面積一・六平方メートル。厚さ一・四ミリ。重さは体重の一六パーセント。身体の中でもかなりの部分を占める、重要な器官といえよう。

さて、私は残念ながら皮膚が強いほうではない。十五年くらい前、東京からおぢばまで約五百キロの道程を歩いたとき、汗をかいた肌とジーパンがこすれたためか、名古屋あたりから足の太腿《ふともも》一面にびっしり、あせもが出来てしまった。

そのあせもがひどくて困った。おぢば近くの亀山《かめやま》で、ようやく探した一軒の銭湯に入ったとき、番台に座っていたお婆さんが気を利かせて、ベビーパウダーとステテコを持ってきてくださった。真っ赤に広がったあせもが、よほど痛々しかったのであろう。

薄暗い古びた銭湯であったが、人情の通う町はいいなあと思った。ひどいあせもと共に、そんな温かい思い出がいまも心に残る。

少年会のキャンプでも、二、三日汗まみれで風呂に入らないでいたら、そのときもあせもが出来て嫌《いや》な思いをした。多分、私は皮膚が弱い体質なのだろう。

しかし、そんな悩みは大したことはない。冬になると毎年、皮膚がカサカサになって血がにじんでくるという人もいる。アトピー性皮膚炎、水虫、かぶれ、湿疹《しっしん》、じんましん等、皮膚病が出やすい人も少なくない。どんな病気も、なりたいと思ってなる人はあるまい。どういうわけかそういう皮膚の病気になってしまった。嫌なものとご縁ができてしまったのである。

なぜ、そうなってしまったのだろうか。

みかぐらうたに、

十ド　このたびあらはれた
　やまひのもとハこゝろから
（十下り目）

と、病の元をはっきり〝心〟と断言されている。ならば、どんな心が原因なのか、どういう心で通ったらいいのかを、お道の理から思案させていただきたいと思う。

亀の心

皮膚は、親神様の十全の守護の理からいうと、くにさづちのみことのお働きである。「人間身の内の女一《おんないち》の道具、皮つなぎ、世界では万《よろず》つなぎの守護の理」で、泥海の中のお姿は〝かめ〟である。だから、健康な皮膚のご守護を頂きたかったら、亀のような心にならせていただいたらよい、ということになる。

いったい、亀の心とはどんな心か。亀は地面を這《は》うように歩くから、低い心。また、つつくと首をすぐ引っ込めるから、我《が》を張らない心。私は、皮膚病の人にはいつも、まずこの二点を話させていただいている。

いろいろなおさしづを拝読させていただいても、皮膚病については、我を突っ張らずに低い心でつないで、たんのうせよとのお諭しが多い。

例えば、「明治二十四年九月三日　平野楢蔵《ひらのならぞう》背の出もの障《さわ》りに付伺」。

何か運ぶ理が取り損《そこな》い。取り損えありてはこれまでと言えまい。間違えばこれまであろまい。そこでどれのさんげ、身の障りの理というは、よく聞き分け。

これは、勝手の理を運んだのでは、これまでに運んだという効能の理とはいえない。また、間違って運んだのであれば、効能の理とはならないということで、右の皮膚病の要点は、勝手の理、我を突っ張ってはいけないということである。

また、「明治二十四年二月六日　松村吉太郎《まつむらきちたろう》皮癬《ひぜん》に付願」。

さあ〳〵いんねん事情、内々の処《ところ》一つの心すっきりたんのうを定めい。

これは、どんなこともみないんねんなのであるから、内々（家内、教会）が一つの心になり、すっきりたんのうの心を定めよということである。

お道では、たんのうはつなぐ理、不足は切る理と教えられている。特に、皮膚病の場合は、どんな中もたんのうの心で歩むようにと諭されているものが多い。この〝たんのう〟を心に治めるためには、亀の心、我を張らない低い心が一番大切ということである。

余談であるが、くにさづちのみことのご守護は、「人間身の内の女一の道具、皮つなぎ、世界では万つなぎの守護の理」とある。この三つの働きは、それぞれに姿、形は違っても、ご守護の元は一つということである。だから、婦人病になりやすい人、皮膚病になりやすい人、人間関係の悪い人、これらは同一系統のいんねんの持ち主ということである。

亀の心を忘れた人、いわゆる我を突っ張る人、高慢な人は、残念ながらだいたいが、みんなとうまくやっていけなくなる。人間関係がギスギスした状態になる。そして、皮膚病にもなりやすくなる。そのうえ、婦人病にもなりやすくなるということである。

また、神様のお働きは、すべて二つ一つなのであるから、対するもう一方のお働きまで考えれば、身上のご守護はさらに大きくなる。

くにさづちのみことの相対するお働きは、月よみのみこと、突っ張りの働きであるから、皮膚病の人は、まず反省点として、我を張らない、低い心を胸に刻ませていただくこと、そして、できれば積極面として、お道の御用のうえにしっかり突っ張らせていただくこと。これが肝心である。

人間は、自分の欠点はなかなか分からない。だから、困った皮膚病という身上を通して教えてくださっているのである。ともかく、低い心、我を張らない心、そして理の御用のうえに突っ張る心。この点をしっかり胸に刻んで通らせていただきたい。

崔宰漢先生

崔宰漢《チェジェハン》先生は、ハンセン病をご守護いただき、韓国布教の第一人者として全教的に名を知られた人である。『回生の冒険者』という本やビデオをご覧になった方も多いと思うが、その生涯は、実にドラマチックであった。

ハンセン病は、らい菌の感染によって起こる病気で、主に末梢神経と皮膚が侵される。感染力は非常に弱く、現在は完治する病気であるが、崔先生が発病した当時の昭和初期、この病に対する認識は、たいへんな偏見があった。無知からくるいわれなき恐怖だけが先行していた。絶望の淵《ふち》に突き落とされた崔先生は、捨て鉢になって急激に悪の世界へ走った。ご自身の口から「私は、人殺し以外の悪いことは何でもしました」と豪語されているように、悪行の数々を重ねる博徒となった。

崔先生は、ハンセン病のほかにも数々の病根を抱えており、やがてそれらが集中して体を切りさいなむようになった。そして、その苦痛が極限に達した昭和二十二年（一九四七年）、身動きできず死を待つばかりのところへ、元和《げんわ》分教会の木村《きむら》ヒデノ会長がおたすけに来られ、おさづけのお取り次ぎによって息を吹き返したのである。その後、かしもの・かりもの、八つのほこり、親神様の十全の守護の話などを聞かれたことと思うが、話を聞いた崔先生の生き方は、実に徹底していた。

悪に強い者は善にも強いと聞くが、その変身ぶりは見事であった。悪行で得たお金が布団の下にびっしり隠されていたが、教会からおたすけに来られるたびにお供えに変わり、全部なくなったとき、どうにか起きられるようになったという。そして、フラフラの足取りで、あばら家の前の通行人に布教を開始した。

「ご通行中の皆さん。ご参考までに申し上げます。私は病気が悪化して、さんざん苦しんだあげく、ひとたびは死ぬところまで行きました。それを、天理教の信仰によってたすけられたのであります」と、誰彼《だれかれ》構わずに話しかけていったのである。

その後、元気になって元和分教会へ住み込むこととなった。朝は教会の掃除から始まるが、雑巾《ぞうきん》バケツの汚れた水で顔を洗ったという。

考えてみれば、通行人へのにをいがけは、恥ずかしいと思ったらとてもできまい。笑われても結構という、低い心でなければできない。また、捨てるしかない汚れた水で顔を洗うのも、よほど低い心でなければできまい。掃除の残り水で洗顔を続けるうちに、爛《ただ》れていた顔面の皮膚に、日に日に元のつやが戻っていった。

たすけ一条に命を懸けた崔先生の布教方法は、終生変わらなかった。通行人に大声で話しかけるもので、ハンセン病がたすかったときから出直す直前まで続いた。人類全体を救済する天理教が、二、三人を相手にボソボソ話しても、到底その役目は果たせないとの信念からだったという。「天理王命《てんりおうのみこと》」の旗を前に、連日、大衆に向かって堂々と語る勇姿は、布教者の理想像といえよう。

崔先生には、さすがと思わせるエピソードがある。

教会の新築落成の日のこと、会長の姿が見えない。慌《あわ》てて捜し回ると、何と、空港へにをいがけに出ていたという。

また、通行人の前でにをいがけしていたときのこと、人通りの多いところで布教されてはうるさくて邪魔だということで、警官が交番に連行した。すると、交番の中でまた、例の調子でにをいがけを始めたのである。連れてきた警察官も閉口して釈放したという。

白熱的な布教の中に、幾万という大勢の信者さんに囲まれて、韓国最大の元南星《ウォンナムソン》教会を設立したが、晩年、こんなことを話された。

「この次に生まれてくるときは、もう少しハンサムに！　そして、今のこの勇気だけはお与えいただきたい」と。

冗談好きな先生だったようであるが、その勇気、情熱、使命感は、我々も大いに参考にさせていただきたい。

ハンセン病という病がたすかり、たすけ一条にまっしぐらに突き進んだ崔先生のような道は、誰もが歩めるものではない。しかし、お道にはそういう大先輩がおられたことを忘れずに通らせていただきたいと思う。

骨の健康

カルシウムと腹立ち

骨は、海水の中で生まれた生命が陸地に上がり、真水の中で生きるようになったときに発生してきたという。海水はカルシウムをかなり多く含んでいるが、真水には少ない。カルシウムは重要な栄養素なので、海から上がった生物が、その不可欠なカルシウムの保存容器として骨を体内に発生させたのだという。

余分なカルシウムは骨として蓄えられ、必要なときに骨から出される仕組みになっている。骨格は、身体《からだ》を支えるとともに、大切なカルシウムの保存容器でもある。人間の身体の構造の絶妙さは聞いてみて驚くことが多いが、骨の働きにもびっくりした。

さて、そのカルシウムの重要な働きの一つとして、興奮した筋肉や神経の鎮静作用があるという。

「腹の立つ人は牛乳を飲むといい」と聞いたことがある。なぜなら、カルシウムが少なくなってくると、興奮した筋肉や神経の鎮静作用が十分に働かずに、腹が立ちやすくなるからである。

お道の先輩から、「腹立ちは生涯慎《つつし》むべし。腹を立てると骨の身上になる。倉も建たぬ、身も立たぬ」と聞かせていただいたことがある。カルシウムと腹立ちの深い関係を聞いて、なるほどと思った。本来は心が元である。だから、腹を立てるとカルシウム不足になって、骨が悪くなり、身体が立たなくなると解釈したからである。

とにかく、昔からのお道のお諭しも、現代の最新の医学も、腹立ちと骨の病気は大いに関係があると説く。骨の病気のときは、むやみにカルシウムを取り入れるだけでなく、腹立ちの心も大いに反省させていただきたいと思う。

さて、簡単に骨の構造、病気などを書かせていただくと、人体の骨格は二百余りの骨が連結してできているが、どの骨も、外側から骨膜、骨皮質、骨髄の順に構成されている。

骨膜……骨の表面の幕。骨と筋肉の連絡、骨の栄養補給をつかさどる。

骨皮質……骨の主な部分。硬くて中は空洞。

骨髄……骨の中心にあり、血球をつくる。

また、骨の先の関節には軟骨があり、すべりやすく弾力がある。軟骨と軟骨の間に関節腔《こう》があり、すべる液が分泌《ぶんぴつ》されている。関節は関節包《ほう》で包まれていて、その上から靭帯《じんたい》が補強している。

骨の病気には、次のようなものがある。

骨自体……骨折、骨髄炎、骨肉腫《こつにくしゅ》、脊椎《せきつい》カリエスなど。

関節……関節リウマチ、変形性関節症、神経病性関節症、結核性関節炎、関節水腫。軽いものとしては、捻挫《ねんざ》、脱臼《だっきゅう》など。

ざっと書かせていただいたが、骨の病気には、骨自体の病気と関節の病気がある。また、それぞれにいろいろな種類がある。その病気の数だけ、いろいろなお諭しがあるが、細かいことよりまず基本が大切である。

私のおたすけ経験では、骨の病気の人には共通の性格がある。冒頭の〝腹立ち〟がそうである。私以外にも、お道の先輩がおたすけ体験を通して得たもので、大いに参考にさせていただきたい。

それとともに、教理的に、親神様の十全の守護の説き分けから、骨の働きである月よみのみことについて書かせていただきたい。

勇猛で頭の良いシャチ

『天理教教典』第三章「元の理」によると、乾《いぬい》（北西）の方からしやちを呼び寄せ、承知をさせて貰《もら》い受け、食べてその心味《こころあじわい》を試し、その性《しょう》を見定めて、これを男一《おとこいち》の道具、及び、骨つっぱりの道具とされた、とある。

シャチを食べて、その心根《こころね》を味わって骨つっぱりの道具とされたのであるから、骨の身上をご守護いただくにはシャチのような心が大切、ということである。

それでは、シャチの心とはどんな心か。

シャチは英語でキラーホエール（鯨《くじら》殺し）と呼ばれる。あの巨大な鯨さえ襲い、くちびるを破り、舌を引き出して嚙《か》み切って殺すという。また、一つの胃にアザラシ十四頭、イルカ十三頭が丸ごと入っていた例があるほど大食で、口を開けば猛獣のような不気味な牙《きば》が光る。とにかく、恐ろしく強いのである。

また、シャチは魚のように見えるが、魚類ではなく哺乳類《ほにゅうるい》である。高等動物で、イルカと同じように大変賢く、曲芸などもできる。シャチが群れを組んで無数の鮭《さけ》を追い込み、上手《じょうず》に食べ尽くしてしまう様子を見たが、頭の良さはさすがである。実に賢い。

大ざっぱに見れば、シャチの特性は強くて賢いということである。だから、天の理をよく悟り、理のうえに突っ張ってほしい。「勇猛心をもって、理に突っ張れ！」という天の手紙といえよう。

私が教理の勉強を始めたころの失敗であるが、骨の病気はシャチの心が大切なのだから、強い心・負けない心が肝心とだけ考えていた時期があった。ところが、実際におたすけをさせていただいてみると、かなりやり手でしっかりした人に、骨の身上の人が多い。シャチだから強ければいいはずなのにと、訳が分からなくなった。

いったい、どうしてなのか。これは、私の勝手な悟りかもしれないが、シャチの生態を知ってその疑問が解決してきた。シャチは強いだけでなく、賢い。シャチの賢さこそ重要なのだと、分かってきたのである。

人間は、強ければいい、突っ張ればいいというものでは決してない。わがままの我《が》を突っ張ったのでは、陽気ぐらしができない。そんな、わがままな強さや突っ張りこそが、実は問題なのである。

我を突っ張らず、天の理に突っ張るようにということである。天の理を知り、理のうえに突っ張る。神様を立て、理を立て、親を立て、夫を立てる。自分の思いを立てるのでなく、立てるべきものを立てるということである。

心の大転換で、骨の身上のご守護を頂いた人が大勢いる。また、骨の身上者がご守護を頂くと楽しみである。それは元来、突っ張りの強い人だから、お道の御用にも素晴らしい努力の人、活躍の人となるからである。

修養科の一期講師のご命を頂いて、おぢばで三カ月間過ごさせていただいたとき、私の受け持ちのクラスに重症のリウマチの方がおられた。おぢばの冬は特に寒いが、その最も寒い一月から三月の時期に修養科に入られて、曲がった指で一生懸命ひのきしんをされていた。リウマチにはつらいと分かっていて冬に入られ、不自由を押してひのきしんに励む。そのときも、骨の病気の人には頑張り屋が多いと思った。

だんだんとご守護いただいてきていたが、修了後もお道の御用のうえに突っ張れば、きっと大難は小難に通らせていただけることであろう。

繰り返しになるが、骨の身上の人は、やり手の人が多い。だから、つい勢い余って、自分の主張が過ぎてしまうのである。

やり手は大いに結構、どんどんやったら素晴らしい。しかし、我を突っ張らず、理に突っ張る。そこに力点を置いて通らせていただきたい。

脊椎カリエスを越えて

日本橋大教会勤務のSさんは、娘盛りに脊椎カリエスという難病を患った。鮮やかにご守護いただいた筋道は大変勉強になると思うので、紹介させていただきたい。

脊椎カリエスは、実に治りにくい、残酷ともいえる病気である。脊椎に鈍い痛みを感じることから始まるが、病気のところを動かすと、痛みがだんだんと増してくる。そして、耐えられないような激痛を伴って、高熱が出る。最後は脊椎が化膿《かのう》して、その膿《うみ》が筋肉を抜け、皮膚を破って出てくるようになる。

その当時の痛みや苦しみも聞かせていただいたが、あまりの痛さ、苦しさのために、生きていることさえつらくなったという。

医者でもたすからない。そこで、Sさんのお母さんは神様にたすけていただこうと、朝から晩まで一生懸命、にをいがけに歩かれた。しかし、残念ながら病状は悪くなる一方であった。生きているのはありがたいが、ここまでくると、もう苦しいだけである。毎日毎日が、激しい痛みを感じるだけになった。

そんなある日、Sさんは神様に最後のお願いをされた。

「もし、たすけていただけたら、出直すまでお道の御用をさせていただきます。たすけていただけないのなら、できるだけ早く息を引き取らせてください」と。

その祈りは、心の奥底からの、全身全霊をかけた神様への祈りであったが、その切なる願いが天に通じた。病状は、奇跡的に快方に向かったのである。日に日に良くなっていったときの喜びは、とても言葉などで表現することはできまい。

その後Sさんは、「生涯を道一条で通らせていただきます」との神様への約束どおり、大教会勤務のご主人と結婚されて、お道のうえにつとめられている。

骨の病気の人がご守護を頂くと楽しみだと先に書いたが、彼女も、やり手の性分が御用のうえに効いて、実に素晴らしい働きをされている。大教会内の御用でも、信者さんの丹精のうえでも、いまでは無くてはならない人となっている。

おさしづに、こうある。

もうあかんかいなあ〳〵というは、ふしという。精神定めて、しっかり踏ん張りてくれ。踏ん張りて働くは天の理である、と、これ諭し置こう。（明治37・8・23）

Sさんのお母さんは、Sさんの身上の中で、ご守護を願って毎日毎日、にをいがけに出られたが、重病の娘をおいて出ていく母の気持ちはどんなであったかと思う。だんだんと病状が悪くなる中でも続けられた。

激痛が走り絶体絶命の土壇場《どたんば》こそ、まさにこのうえない大ふしであった。そして、もうだめだというとき、Sさんは最後の望みを託して、もしたすかったならば生涯を道一条で通らせていただきますと、一心にお願いされた。その必死の心定めに、見事なご守護が現れてきたのである。

大野佐七《おおのさしち》先生の著書『人間は魂の徳で立つ』の中に、次のような一節がある。

「花咲爺《はなさかじい》さんの話は、子供だけでなく大人にも語りかけてくれた、真実の話であることが分かってきた。枯木《かれき》にも花が咲く事実がこの世にもあった。それは土手の枯木に花を咲かせたというのではないが、ともかく不思議な現象をわたしは度々見てきたのである」

誠の心、真実の心に神様が働くというが、Sさんの場合も、お道一条という真実の心定めで、素晴らしいご守護を頂かれた。

お道では、「身上事情は道の華《はな》」と教えられる。どんな苦労も嫌《いや》がらずに、むしろ前向きに歩む気風がある。心の目が開かれ、成人させていただけるのだと、勇み心の中に取り組ませていただく姿勢がある。

脊椎カリエスのような難病でも、心を神様に向ければ勇み心が湧《わ》いてくる。行き詰まったときこそ、神様の素晴らしいご守護を見せていただき、深い思召《おぼしめし》が分かるときでもあることを、しっかり心に刻んで通らせていただきたいと思う。

胃腸の健康

胃は心の鏡

ある結婚式に参列させていただいたときのことである。スピーチに立った花婿《はなむこ》さんの会社の上司が、次のような話をされた。

「現代の激しい競争社会で生き残るには、少々の胃潰瘍《いかいよう》になるくらいでなければ、有能社員とはいえないのです」

お祝いの席で変わった話だなあと思ったが、上司として、それほど会社勤めが厳しいということを、花嫁さんにも分かってもらいたかったのだろうか。それとも、主人が胃潰瘍になるほど、尻《しり》をたたいて頑張らせてくれと言いたかったのだろうか。少し大げさだと思ったが、会社の様子が分かって面白かったことを思い出す。

心と身体《からだ》の関係を科学的に研究している分野に「精神身体医学」があるが、これも胃の研究が大いに関係している。熱いものを飲んで食道をだめにしてしまった人の喉《のど》に穴を開けて、砕いた食物を直接胃に注入していた。ところがある日、その患者がふとしたことから怒った。そのとき、胃の中はただれたような真っ赤な色になった。

〝身体と心。両者には、密接な関係がある！〟

その胃壁の変化をきっかけとして、心が身体に与える影響がだんだんと、科学的に証明されるようになったのである。

さて、この「心の鏡」といわれる胃。心の状態によって胃潰瘍になったり、赤くただれたりと大いに変化するが、いったいどんな心が胃病と関係があるのだろうか。

親神様の十全の守護の理から考えると、胃は、くもよみのみことのお働きである。元初《もとはじ》まりの泥海の中でのお姿は〝うなぎ〟である。だから胃病のご守護を頂くためには、ウナギのような心づかいをしたらいいということになる。

ウナギの心とは、どういう心なのか。

ウナギは、見るからにクニャクニャして柔らかい感じがする。丸い胴体といい、曲線の動きといい、堅さがまるでない。また、ウナギは普通の魚と違って、真水の中でも海水の中でも生きていける。空気中でも、かなり長い間生きていける。どこででも生きていける順応性がある。いわゆる、選《え》り好みや好き嫌いがないのである。そういうところから、胃の健康のためには、柔らかい心と好き嫌いのない心、この二点が肝心ということだと思う。

胃の身上になる人は、とにかく真面目《まじめ》で、堅い人が多い。きちんと仕事はするが、人にも食べ物にも好き嫌いがあり、心の小さい人が多い。几帳面《きちょうめん》なので、胃を患う人に会計を任せたら間違いはないともいわれる。

この世の中、自分一人で生きているのではない。あまり堅くて、心が小さくては、ギスギスして、みんなと仲良く陽気ぐらしができにくい。そんな堅さから胃のお手入れとなった、ということではあるまいか。

また、胃は受ける道具である。ニンジンでも、ダイコンでも、キャベツでも、何でも受け入れる。あれが嫌《いや》だ、これが嫌だでは、胃としての御用が果たせない。胃の身上になったら、とにかく何でも結構という、好き嫌いのない大きな心が大切といえよう。

昔のお道の先生方のお諭しで、「あれはイカンよう、これはイカンようと、文句を言っていると胃潰瘍になる」とよく聞かされた。語呂《ごろ》合わせで、そんなことを言うからばかにされるのだと思ったときもあったが、いまは、うまく表現したと感心するばかりである。分かりやすく、実に的を射ている。

胃が悪い人は、クニャクニャした〝柔らかい心〟、何でも結構という〝好き嫌いのない心〟、そういう心を定めて通ったら、きっと良くなると思う。ぜひ試していただきたい。

肝臓、腎臓、腸の身上

胃は、先述のように飲み食い出入りの働きで、くもよみのみことのご守護である。しかし、お腹《なか》の中には胃だけでなく、たくさんの臓器がある。それらの身上は、いったいどんな心が問題なのか。その点に関して、私の体験を通しての悟りではあるが、以下にふれさせていただきたい。

肝臓、腎臓、腸など、内臓の多くは、くもよみのみことのご守護であるから、ウナギの心、つまり柔らかい、好き嫌いのない心が大切である。ところが、一口に柔らかい、好き嫌いのない心といっても、いろいろな違いがある。そういう点で、身上のお諭しも幾分違ってくるように思う。

〈胃病〉胃袋は受ける道具で、何でも結構という大きな心ならいい。反対に、あれはいかん、これはいかんというような、神経質で、小さな、かたくなな心の人に胃病が多いようである。

〈肝臓病〉肝臓を患う人には、自分の主張を押し通す頑固《がんこ》さが感じられる。お酒飲みの人は肝臓を患いやすいというが、相当飲んでも、陽気で楽しいお酒を飲む人は肝臓病になりにくい。お酒を飲んでけんかをする人、怒鳴《どな》る人、理屈をこねる人、いわゆる自分の主張ばかりを通そうとする頑固な人が、肝臓病になりやすい。

〈腎臓病〉腎臓病は親孝行が大切と、よく聞かせていただく。腎臓は、正味とカスを分けるところであるから、大切なものと大切でないものの区別がつかない人が患いやすい。親孝行が大切というのも、一番肝心なことを忘れる癖《くせ》・性分を指しているのであろう。判断が狂う人は、ぶつかりやすい。そんな見当外れの堅さを教えられているのではあるまいか。

〈腸病〉腸というのは栄養素や水分を吸収するところである。自分の正味になるものを吸収する役目がある。そんなところから、腸の患いは、分かっていても実践しないときに起こるという。実践して自分のものに吸収せよということであろう。聞いた話は他人の理。実践するから身につく。優柔不断、わが身かわいいのほこりを取りたいと思う。

内臓の病気は、いろいろある。それぞれの器官に対してお諭しがあるが、総じて、周囲の状況に順応できない堅さを感じるお諭しがほとんどである。繰り返しになるが、消化器の働きはくもよみのみことのご守護。泥海の中のお姿は〝うなぎ〟で、四角張らない心、何でも結構と受ける心。これが根幹である。

また、身上さとしは、神様の二つ一つのお働きから説かせていただけば、さらに深まる。具体的には、消化器官の働きであるくもよみのみことのご守護を頂くためには、相手の心を引き出すをふとのべのみことの心を使うことが大切、ということであろう。

あるお道の先生が、「胃病の人が上司にいたら、部下は悲劇である」と言っていた。なぜなら、部下の心・能力を引き出すことが下手《へた》だからである。几帳面で一生懸命でも、心が小さくて堅くては、部下を率いて仕事をする大きな場には向かない。部下にいくら能力があっても、活躍の場が与えられなければ、宝の持ち腐れになってしまうからである。

自分の癖・性分を取る、性格を変えるというのは、至難の技である。しかし、自分の癖が分かり、努力の方向が分かれば、それだけでも大きな収穫ではあるまいか。

とにかく、内臓の病気を調べるのに、町医者は、お腹を押して堅いところがあれば要注意ということである。まず、柔らかい心にならせていただきたいと思う。

住み込みのSちゃん

もう三十年近く前、次兄が会長を務める本庄《ほんじょう》分教会からお預かりした十六歳のSちゃんが、女子青年として一年間、教会に住み込んで御用をしてくれた。爪《つめ》にマニキュアを塗り、お化粧もする、年のわりに大人びた活発な娘さんであった。

住み込んだ最初のころは、教会生活になじめずに、時々抜け出していたことがあったが、一カ月、二カ月と過ぎるうちに、ひのきしんも、教会の御用も率先してするようになり、朝の駅前掃除で町会からお礼の品を頂くまでになってくれた。

さて、ある日、そのSちゃんから相談があった。

「会長さん、胃の具合が悪いのだけれど、どうしたらいいでしょうか」と。やせ型の彼女であったが、お父さんも胃が悪く、胃病が元で亡くなったと聞いていた。私はすぐに、こう答えた。

「胃は、何でも受け入れるところです。ダイコンはいいけどニンジンは嫌だ、では困る。御用も人も、好き嫌いせず、何でも結構という心になったら必ずご守護いただけますよ」

それから不思議なことに、胃の調子もだんだん良くなり、太ってきた。一カ月くらいたったころだったか、用事があって実家に四、五日帰ったことがあったが、教会へ戻る早々、Sちゃんが言うには、「ちょっと太り過ぎだよ、みっともないよと、みんなから言われた」と、少しショックの様子である。

年ごろの娘としては、スタイルも気になるのであろう。しかし、太ってきたということは、食欲が出てきて、胃の調子が良くなり過ぎるくらい活発に働きだしたという証拠である。心の向き一つで胃病が治る。ありがたいことである。また、良くなったのは、好き嫌いをなくす心を素直に実践してくれたからで、その素直さに、私としてもさらに嬉《うれ》しい気持ちになった。

十年くらい前、月次祭に巡教に来られた世話人先生（本庄の会長さん）が、次のような講話をされた。

「ある三十代半ばのご婦人が、教会から離れているうちに拒食症になり、とうとう体重が二十八キロにまでなってしまった。そこで『神様を忘れてはいけません。ともかく日参をしなさい』と話したら、歩くのも大変な中、近くの教会へ日参を始めた。すると元気になり、三十五キロまで戻った。ご守護いただいた喜びの中、私の教会の月次祭にも久しぶりに来られたが、事情・

身上のご守護を頂くには、何といっても日参が大切ですよ」と。

その話を聞いたとき、年齢からしても病名からしても、Sちゃんではないかと思ったので、講話のあとにお尋ねしてみると、やっぱり当人だという。

あれから約二十年。胃を患う人は、やはり拒食症など胃の病気になるのだと思った。そして、彼女は二十年前と同様、素直に実践して見事にご守護いただかれた。

日参はもちろん大切である。日参こそ、現代医学でも難しい拒食症のご守護を頂いた元であったことは確かである。しかし、日参とともに、あれがいかん、これがいかんという胃病の心を断ち切って、素直に声に従ったところに、鮮やかなご守護を頂かれたのだと思う。

「病の元は心から」と教えられる。心が変われば誰でも、不思議だと驚くようなご守護を頂く。それには、自分自身で実践し、体験してみないと分からない。

くどいようであるが、元気な胃腸を貸していただくために、ウナギとにらめっこして、その心を勉強させていただきたいと思う。

肺・心臓の健康

ハイハイと這い上がる道

教祖四十年祭当時のお道は、教勢倍加運動のかけ声に乗って、白熱の布教活動が展開されていた。

六カ月の修養期間であった天理教校別科の生徒は、わずか二、三百人から増え続けて、ついに一期で一万人を超えるまでになったのである。信者詰所は、急増した別科生のための部屋がなく、廊下までも宿泊所として使用した。教校の校舎も間に合わず、午前組と午後組に分かれて授業をしたという。

その当時の布教師のおたすけは、死病と恐れられていた〝肺病（肺結核）〟が主であった。そして、爆発的にお道が伸びたそのころ、よく使われたお諭しは、「この道は、ハイハイと這《は》い上がる道」という、語呂《ごろ》合わせのような諭しであった。

自分というものをなくす。言い訳や弁解はしない。素直さを第一に通る。とにかく何でもハイハイと受けて通る中に、医者から見捨てられた肺結核も、不思議にご守護を頂いたのである。

恐怖のどん底から抜け出せた感激で、さらに道一条を目指す者が続出し、お道はそれまでにない飛躍的な発展を遂げたのであった。

肺をはじめとする呼吸器の働きは、親神様の十全の守護からすると、かしこねのみことのお働きである。その説き分けは「人間身の内の息吹き分け、世界では風の守護の理」とあり、元初《もとはじ》まりの泥海の中でのお姿は〝かれい〟である。だから、呼吸器の身上の人は、カレイの心になるよう反省させていただいたらよい、ということになる。

さて、カレイの心とは、どういう心なのか。

カレイは、海底を泳ぐ。底の砂の上にじっとしていることも多い。またカレイは、白い砂地の所では白くなり、黒い砂地の所では黒くなる。そんなところから考えられるのは、〝低い心、合わせる心〟ということであろう。

肺を患う人は、賢い人が多い。頭がいいから、人の欠点が実によく分かる。また、自己主張が強く、口も達者である。つい人をやり込めてしまうような癖《くせ》がある。

だから、もっと低い心にならなければいけない。自分の主張を通すばかりではなく、人と合わせていくことも学ばなければならない。カレイのような心を勉強しなければ、みんなと陽気ぐらしができない。

そういう癖・性分を改めるようにということから、かしこねのみことのお働きである肺の身上という形で、神様はお手引きくださったといえよう。

反省点は、いわゆる自己主張と高慢さである。

昔、肺結核になった人に、「白いものを黒と言われたら、ハイと言いなさい。それが言えるようになったら、肺病はたすかります」とのお諭しがよくなされた。一般の人から見れば、とんでもない、めちゃくちゃなお諭しであるが、肺の身上を頂く癖・性分を見極めたうえでの、荒療治であったと思われる。

また、カレイが海面に上がってくるときは、産卵のときと天変地異のときという。漁師はそれを知っているから、カレイが産卵の時期でもないのに海面に上がってきたら、たとえ晴れていても漁場をはなれて港に帰るという。地震、大雨、大風などの荒れ模様の前兆だからである。

そんなカレイの習性から、肺結核のいんねんの人が上の立場になると混乱が起きる、とのお諭しを聞いたことがある。確かに、肺を患う人は、口は達者で頭がいい。なかなか几帳面《きちょうめん》でもある。しかし、上に立つには向いていない人も多い。

高慢で合わせる心がなければ、人をまとめるどころではない。混乱させるだけで、はた迷惑なばかりだからである。

低い心に、物も、お金も、人の心も集まる。合わせる心に、物事が成ってくる。呼吸器の身上には、特に、そんなカレイの心を胸に刻んで通らせていただきたいと思う。

鼻、耳、心臓の身上

呼吸器は、肺だけでなく鼻、耳にも通じる。また、心臓は、肺と組み合って、酸素を含んだきれいな血液を体中へ送り込む働きをしているので、同じかしこねのみことのご守護に当たる。であるから、鼻、耳、心臓の身上は、関係ないようでも、いんねんとしては同一系統で、心づかいもカレイの心が大切ということである。

しかし、多少の違いがある。これも私の体験を通しての悟りであるが、以下にふれさせていただきたい。

鼻は、言葉遣いと関係がある。また、顔の中心に位置し、全体をまとめる役目を果たしている。そんなところから、言葉でみんなをまとめていくような心が大切で、ぶちこわしになるような自分勝手を慎《つつし》むようにということであろう。

耳は、同じ言葉の理でも、〝聞く〟ということの大切さのお知らせである。我《が》が強くて人の話をよく聞こうとしない。聞いて不足する。そういう点を反省させていただきたいと思う。また、お道では談じ合いということがよくいわれるが、神様の理から話し合ってまとめていく心が大切であろう。

呼吸器の身上といっても、そのほかにもいろいろな病気がある。いろいろな病気に、いろいろなお諭しがあるから、つい分からなくなってしまう。そこで、基本が大切ということになる。

それぞれ身上の諭しに多少の違いはあるが、総じていえることは、やはりカレイの心——〝低い心、合わせる心〟ということである。

低い心、合わせる心というと、自分がなくなってしまうように思えるが、相手を生かすから、結局自分が生かされることになるのではあるまいか。

次に、心臓であるが、以前、テレビで心臓の筋肉の実験を見たことがある。小さく刻まれた筋肉が、さまざまなリズムで動いていた。その幾つかの肉片を近付けて合わせると、突然に同じリズムで動きだしたのである。これには驚いた。

心臓は、自動的に一緒に動く不思議な習性の筋肉でできている。心臓は筋肉の固まりで、すべての筋肉が同時に伸縮をする。バラバラに動きだすと、ポンプとしての役割が果たせなくなるからである。

カレイの珍しい特性は、白い砂地では白くなり、黒い砂地では黒くなることであるが、この〝周りに合わせる〟ことこそ、大きな共通点といえよう。

心臓病は、経営者病ともいわれる。努力家で、負けず嫌いの人がなりやすいといわれる。勝つことばかり考えずに、人と合わせることの大切さを、心臓の身上を通して教えてくださっているのではあるまいか。

繰り返しになるが、肺の病気などの呼吸器全般、また心臓などの循環器の場合も同様、カレイの姿を思い浮かべながら、低い心、合わせる心で通らせていただきたいと思う。

肺結核を越えて

お道では、死病と恐れられた肺結核からたすかった先輩先生は多く、身近にも大勢おられる。私の義父（家内の父）も、肺結核から道一条を志し、鮮やかにご守護を頂かれた一人である。

時は第二次世界大戦のすぐ後、労働力としてシベリアへ抑留され、労役にたずさわった。聞けば、そこには地獄の一丁目ならぬ、地の果ての残酷さが待っていた。

氷のような厳しい寒さ、食料不足、不衛生な生活環境、過酷な労働。そんな悪条件の中で、連日のように死んでいく者が出たが、敗戦国日本の兵士としては何も言うことが許されなかったのである。

空腹のあまり、畑に埋もれた掘り残しのイモを夜中に取りにいって、銃殺された仲間もかなりいたという。労役についた二年余りの間に、なんと半数の兵士が死んでいったというから、その冷酷さや恐怖は、この世のものとは到底考えられまい。

運良く、生命はたすかって日本に帰国されたが、若くて元気だった身体は肺結核に侵され、ボロボロの状態であった。当時の肺結核は、恐ろしい死に至る病であった。喀血《かっけつ》して死んでいく人がたくさんいたので、手放しで喜べるような帰国ではなかったと思う。

その人生の岐路で、道一条を志し、日本橋詰所で第二の人生を始められた。「道一条」と一口に言うが、自分の楽しみをお供えして神様の御用をさせていただくには、相当の決断がいったと思う。

それから、薄紙をはぐように段々元気になっていかれた。以来、かれこれ六十年近くになる。

余談であるが、義父の兄弟は多い。しかし、多い兄弟の中で生き残っているのは、不思議にも肺結核で死にはぐれた義父お一人である。長年にわたる詰所住み込みと大教会住み込みの御用を、カレイのように〝低い心、合わせる心〟でつとめきった真実を、神様はしっかり受け取ってくださっていたからであろう。

身上は、神の手引きという。つい忘れてしまうが、ここが一番の急所である。

呼吸器・循環器は、かしこねのみことのご守護である。くどいようであるが、肺や心臓の身上のときは、泥海の中の〝かれい〟のお姿を心に描きながら、神様にもたれて通らせていただきたいと思う。

あとがき

月日にわにんけんはじめかけたのわ
よふきゆさんがみたいゆへから　（おふでさき　十四　25）

このおうたに涙が止まらないほど感激して、陽気世界実現に向かって励ませていただこうと心を定めた。そして、大教会長様のお声を戴《いただ》き、二十九歳の時に、妻と一歳の長女を連れて、後継者のいない教会を受け持たせていただいたのである。

この道は実行が大切とお聞かせいただくので、以来十年余り、できないながら実践に力を入れて歩んだ。毎日のおさづけ取り次ぎを心定めしたり、東京からおぢばまで、野宿をしながら歩いて帰ったりした。真実に神が働くと聞くが、不思議なご守護をいろいろと見せていただいた。

ところが、教祖百年祭後、四、五年たったころ、私の心の中には、どうしようもない、どんよりとしたものが渦巻くようになっていたのである。

それは、私自身の信仰上のことであった。信仰してたすかる人もあれば、たすからない人もある。精いっぱいの真実でぶつかって、たすからなかったときには、信念がぐらつくのである。夢が壊れそうになる。いったい、お道とは何なのか。お道には素晴らしい教理があるが、バラバラで、どうも分かりにくい。できればたすかる道すじを知りたい。自分の心が納得できる道すじさえ確信できれば、この道に間違いないとの思いで信仰ができる。そんな確信をもちたいと思って、悶々《もんもん》とした心で歩ませていただいていた。

そんな中で「天の理」が浮かんできた。

教会長になりたてのころ、大教会の青年部屋の壁に張ってあった、

誠一つが天の理

二つ一つが天の理

順序一つが天の理

成ってくるのが天の理

の言葉である。

その中に、八つのほこり、十全の守護、かしもの・かりもの、いんねんの教理などが、次々と当てはまっていった。そして、おつとめの地歌もピタッと当てはまり、それが一つの体系、たすかる道すじになっていると感じられた。そのとき、どんよりした雲が晴れて、どこまでも続く青空のような明るさが胸いっぱいに広がってきたのである。

それから、毎日布教に出るようになった。住み込みさんも五人、十人、二十人と増えてきて、教会も賑《にぎ》やかになってきた。そして、少しでも周囲の人に分かっていただきたいと、『天の理』という小冊子を毎月出させていただくようになった。その中の「成ってくるのが天の理」が、今回の出版となったものである。「天の理」の基本教理を用いて、実際に成ってくる家庭・仕事・健康の悩みをどう考えるか、どう解決したらよいか、浮かぶまま、思うままに書いてみたのである。

話は元にもどるが、私自身、どん底の中で「天の理」に出合い、それからはお道が楽しくなり、今は本当にありがたいと思って通らせていただいている。お道では「ふしから芽が出る」と教えられる。どうにもならないような事情・身上を通して、心の目が開かれる。実は、ふしこそ陽気ぐらしの土台なのではあるまいか。

本を書く知識もなく、人生経験も少なく、信仰も浅い者が、本など出版して誠に僭越《せんえつ》だと思う。が、もし同じようにおたすけで悩んでいる人、事情・身上で悩んでいる人の目にとまり、何かの参考にしていただけたならば、望外の喜びである。

出版に際しお世話になった、道友社の佐伯《さいき》、大西《おおにし》両氏に心からお礼申し上げたいと思う。

立教一七〇年七月

中臺勘治

この本は、立教一七〇年（二〇〇七年）に天理教道友社から刊行されました。

中臺　勘治（なかだい・かんじ）
昭和22年（1947年）、東京都生まれ。同47年、慶應大学大学院社会学研究科修士課程修了。同50年、天理教校本科卒業。同51年、29歳で報徳分教会10代会長就任（平成28年〈2016年〉まで）。青年会日本橋分会委員長、少年会日本橋団団長、日本橋大教会布教部長を歴任し、現在は日本橋大教会役員、本部布教部講演講師。著書に『人間がたすかる原理』『心の大変革』（養徳社）がある。

DOYUSHA BUNKO
DB 道友社文庫
天《てん》の理《り》に沿《そ》う―家庭《かてい》の幸《しあわ》せ 働《はたら》く幸《しあわ》せ 健康《けんこう》の幸《しあわ》せ

立教184年（2021年）12月26日　初版第1刷発行

著　者　中臺勘治

発行所　天理教道友社
〒632-8686　奈良県天理市三島町1番地1
電話　0743（62）5388
振替　00900-7-10367

TENRIKYO DOYUSHA

印刷所　大日本印刷㈱

ISBN978-4-8073-0648-0
定価はカバーに表示